W0303867

FREUNDSCHAFT MIT DER ERDE

FREUNDSCHAFT MIT DER ERDE

DER INDIANISCHE WEG

Ausgewählt und übertragen von
Käthe Recheis und Georg Bydlinski

Mit Begleittexten der Herausgeber
und Originalfotos von Edward S. Curtis u. a.

Herder Freiburg · Basel · Wien

INHALT

Alle Rechte vorbehalten – Printed in Germany
© Verlag Herder Freiburg im Breisgau 1998
(Erstausgabe 1985)
Satz: Layoutsatz Kendlinger
Herstellung: Freiburger Graphische Betriebe 1998
ISBN 3-451-26572-9

VORWORT

„Ich habe Freundschaft mit der Erde geschlossen."

N. Scott Momaday

Wir Menschen auf dieser Erde sind gleich – wir alle können Trauer und Freude empfinden, die Gesten, mit denen wir unsere Gefühle ausdrücken, ähneln einander, die ersten Laute eines Kindes sind auf der ganzen Welt dieselben. Und doch haben Völker verschiedenartige Kulturen entwickelt, andere Wertsysteme, eigene Denkweisen. Das Wissen um diese Verschiedenheit weckt Verständnis und Toleranz und kann zu einem Überdenken des eigenen Standpunktes führen, zu einem Lernprozeß.

Um die heutige Situation der Ureinwohner Nordamerikas zu begreifen, muß man auch ihre Geschichte kennen; ein Abschnitt dieses Buches ist daher historischen Aussprüchen gewidmet. Alle diese Texte spiegeln wider, was die Indianer den weißen Eroberern gegenüber fühlten: zunächst einen noch ungebrochenen Willen zum Widerstand, schließlich bittere Verzweiflung und Resignation – „Wir sind wie Vögel mit gebrochenen Schwingen".

Ihres Landes, ihrer Kultur, ihrer Identität beraubt, im Elend der Reservationen dahinsiechend, schienen die Ureinwohner Nordamerikas zum sicheren Tode verurteilt. Kennt man die Geschichte ihrer grausamen Unterdrückung, so ist es fast unglaublich, daß in unserer Zeit ein neuer Aufbruch stattfindet, daß diese Völker die Kraft bewahrt haben zu überleben, die Kraft, neu zu

beginnen, sich selbst wiederzufinden – anknüpfend an die alten Traditionen.
Während es früher immer ein „weißer Freund" war, der niederschrieb, was ihm sein Gesprächspartner berichtete, sind es nun die indianischen Erzählerinnen und Erzähler, Lyrikerinnen und Lyriker, die die Anliegen ihrer Völker vermitteln. Auch hier zeigt sich ein neuerwachtes Selbstbewußtsein. Beschäftigt man sich mit der Fülle der Gedichte und Texte, so fällt auf, daß neben der Suche nach der eigenen Identität, den eigenen Wurzeln und der Anklage gegen die Unterdrücker eine grundlegend positive Einstellung zum Ausdruck kommt – Liebe zur Natur, Ehrfurcht vor allem Leben.
Unsere Gleichgültigkeit der Natur gegenüber, der Egoismus, der uns dazu führt, unsere Mitgeschöpfe gering zu achten, der die „Mutter Erde" zum Ausbeutungsobjekt des Menschen gemacht hat, bedroht die Welt. Solange wir in einem Fluß nur die Kilowattstunden sehen, die da ungenützt vorüberfließen, solange das Sterben der Bäume uns nicht aus dem Schlaf der Bequemlichkeit weckt, solange wir nur an den eigenen Wohlstand denken, ohne Rücksicht auf künftige Generationen, werden wir nicht imstande sein mitzuhelfen, daß unsere Erde bewohnbar bleibt. Vielleicht kann uns der „indianische Weg" zu einer anderen Einstellung führen, einer Lebenshaltung, die die Schöpfung in ihrer Vielfalt wieder achtet und respektiert: „Wir alle sind Geschwister und gleich an Wert auf dieser Erde."

Käthe Recheis, Georg Bydlinski

IM LEBENDIGEN KREIS UNSRES VOLKES

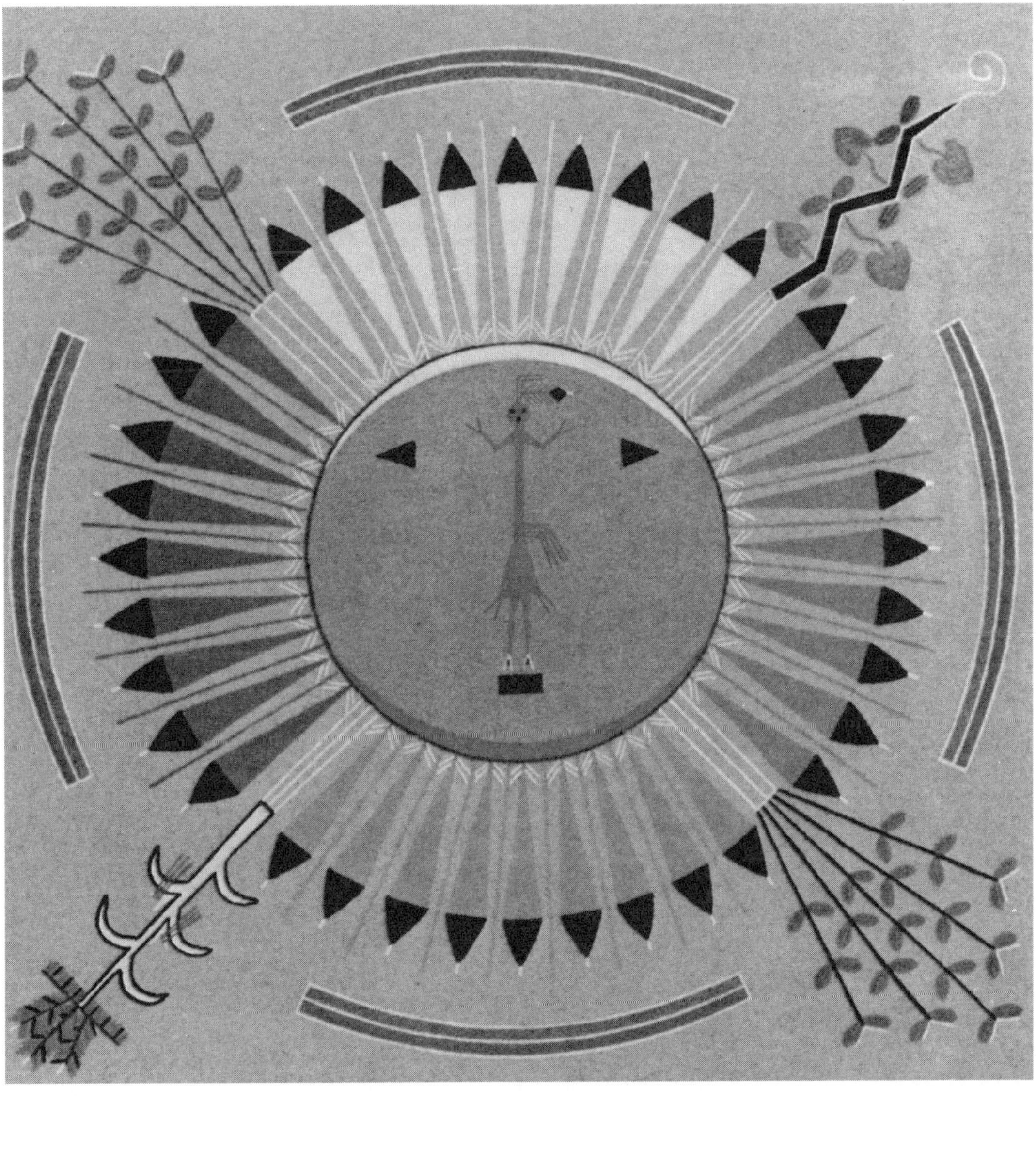

Das Gebet, auf das Ernest Benedict, ein Mohawk, hinweist, ist die traditionelle Danksagung der Irokesen, mit der jede wichtige Zusammenkunft eröffnet wird. Dieses Gebet kann kurz sein oder bis zu zwei Stunden dauern. Die vorliegende Fassung stammt aus einer Rede, die der Mohawk Tekarontake im Jahr 1984 auf seiner Vortragsreise durch Deutschland, die Schweiz und Österreich hielt.
Die Irokesen lebten ursprünglich im Gebiet des heutigen Staates New York. Um 1570 schlossen sich fünf Völker (Mohawk, Oneida, Onondaga, Cayuga und Seneca) zu einem Staatenbund mit demokratischer Verfassung zusammen; später kamen als sechster Stamm die Tuscarora hinzu.

JEDE RATSVERSAMMLUNG DER IROKESEN beginnt mit einem Gebet. In diesem Gebet werden die Versammelten aufgefordert, dankbar zu sein für all das, was ihnen die Schöpfung gegeben hat – für alles auf der Erde und für alles über der Erde, wie Sonne, Mond und Sterne.
Unser Volk weiß, daß der Natur eine wichtige Rolle zukommt, denn die Natur kann ohne den Menschen bestehen, der Mensch aber nicht ohne sie. Hegten die Weißen eine ähnliche Dankbarkeit für die Geschenke der Schöpfung, so wäre die Erde ein besserer Platz zum Leben, denn niemand vernichtet, was er verehrt und liebt.

Ernest Benedict

ALS DIE ERDE mit all ihren Lebewesen erschaffen wurde, war es nicht die Absicht des Schöpfers, daß nur Menschen auf ihr leben sollten. Wir wurden zusammen mit unseren Brüdern und Schwestern in diese Welt gesetzt, mit denen, die vier Beine haben, mit denen, die fliegen, und mit denen, die schwimmen.
All diese Lebewesen, auch die kleinsten Gräser und die größten Bäume, bilden mit uns eine große Familie. Wir alle sind Geschwister und gleich an Wert auf dieser Erde.

Aus der Danksagung der Irokesen

DER EINGANG EINES TIPIS zeigt immer nach Osten. Wenn der Indianer am Morgen hinaustritt, um die Sonne zu begrüßen, die im Osten emporsteigt, wendet er sein Gesicht dem neuen Tag zu und macht vier Schritte. Jeder der Schritte ist von einem Wunsch begleitet, einem Wunsch für jeden Schritt und für jede der vier Jahreszeiten, die vor uns liegen. Dann schaut der Indianer nach Westen; er nimmt den Pfad der Sonne vorweg, geht ihr voraus, bevor sie noch selber den westlichen Horizont erreicht hat. Auf diese Weise drückt er aus, daß er nicht zurück kann; der Tag, der gestern war, ist vergangen. Er blickt nach vorn.
Im Leben eines Indianers gibt es keine schlechten Tage. Auch wenn es noch so stürmisch ist – jeder Tag ist gut. Weil du am Leben bist, ist jeder Tag gut.

Henry Old Coyote

Henry Old Coyote (geboren 1912) ist ein Crowindianer. Vor dem Kommen der Weißen lebten die Crow östlich der großen Grasebene, sie waren Jäger und Ackerbauern. Eine Besiedlung der Plains war erst möglich, als die Pferde (von den Spaniern gebracht) in Nordamerika heimisch geworden waren. Wie viele andere Völker (Lakota, Blackfoot usw.) zogen die Crow nun in das Grasland und wurden ein nomadisches Volk von Büffeljägern.
„Tipi", ein Wort aus der Lakota-Sprache bezeichnet das kegelförmige Zelt aus gegerbter Büffelhaut; es war meist verziert und mit Symbolen bemalt.
Die Zahl vier („vier Schritte") ist im indianischen Denken eine heilige Zahl.

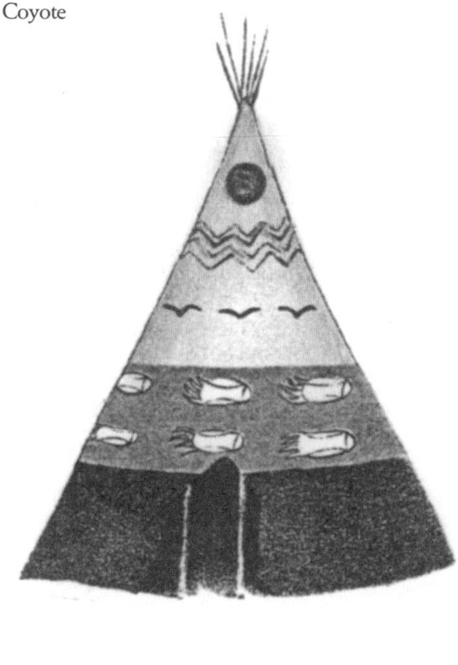

Lame Deer (Tahca Ushte), geboren um 1900 auf der Rosebud Reservation in Süddakota, war ein Medizinmann der Sioux. Er hielt an der traditionellen Religion, dem „alten Weg“ seines Volkes, fest. Lame Deer starb 1974. – Der Kreis ist Sinnbild des Lebens, Sinnbild des Großen Geistes.

IM DENKEN DES INDIANERS IST DER KREIS, der Ring ein wichtiges Symbol. Die Natur bringt alles rund hervor. Die Körper der Menschen und der Tiere haben keine Ecken. Für uns bedeutet der Kreis die Zusammengehörigkeit von Menschen, die gemeinsam um das Feuer sitzen, Verwandte und Freunde in Eintracht, während die Pfeife von Hand zu Hand geht. Das Lager, in dem jedes Tipi seinen bestimmten Platz hatte, war ebenfalls ein Ring. Auch das Tipi selber war ein Kreis, in dem Menschen im Kreis saßen, und alle Familien eines Dorfes waren Kreise im größeren Kreis, Teil des großen Ringes der sieben Lagerfeuer der Sioux, die zusammen ein Volk bildeten. Dieses Volk wieder war nur ein kleiner Teil des Universums, das kreisförmig ist und aus der Erde, der Sonne, den Sternen besteht, die alle rund sind. Mond, Horizont, Regenbogen – auch sie sind Kreise in größeren Kreisen, ohne Anfang, ohne Ende.

All das ist für uns schön und voller Bedeutung; Symbol und Wirklichkeit zugleich, drückt es die Harmonie von Leben und Natur aus. Unser Kreis ist zeitlos, steht nie still; aus dem Tod geht neues Leben hervor – Leben, das den Tod besiegt.

Das Symbol des weißen Mannes dagegen ist das Viereck. Viereckig sind seine Häuser und Bürogebäude, und sie haben Wände, die die Menschen voneinander abschließen. Viereckig ist die Tür, die dem Fremden den Eintritt verwehrt, der Geldschein, das Gefängnis. Viereckig sind auch die Geräte der Weißen – nichts als Schachteln und Kisten – Fernsehapparate, Radios,

Waschmaschinen, Computer, Autos. Alles hat Ecken und scharfe Kanten – selbst die Zeit ist nicht mehr rund, die Zeit des weißen Mannes, bestimmt von Terminen, Stechuhren und Stoßzeiten.

Lame Deer

Der Büffel gab den Prärie- und Plains-Indianern alles, was sie zum Leben brauchten; aus diesem Grund galt er den Sioux als Sinnbild des ganzen Universums. Als die Weißen nach 1880 die Büffelherden sinnlos abschlachteten und die Indianer in Reservationen trieben, machten sie aus den einst unabhängigen Völkern Almosenempfänger; viele Indianer starben an Hunger.
Tatanka Iyotake (Sitting Bull), 1834–1890, war Krieger, Häuptling und Medizinmann – einer der großen Führer der Oglala-Lakota im Kampf gegen die Weißen.

WIR SIOUX FÜHLEN UNS MIT DEM BÜFFEL verwandt. Er ist unser Bruder. Du wirst niemals die Natur verstehen und was sie für uns bedeutet, bevor du nicht begreifst, wie eng wir mit dem Büffel verbunden waren. Dieses Tier war beinahe ein Teil von uns selber, ein Teil unserer Seele.

Der Büffel gab uns alles, was wir brauchten. Ohne ihn hätten wir nicht überleben können. Unsere Tipis waren aus seiner Haut gemacht. Sein Fell war unser Bett, unsere Decke, unsere Winterkleidung. Seine Haut war unsere Trommel, ihre Schläge durchpulsten die Nacht, lebendig und heilig. Aus seiner Haut fertigten wir unsere Wassergefäße an. Sein Fleisch gab uns Kraft, wurde Fleisch von unserem Fleisch. Nicht das kleinste Stück wurde verschwendet. Sein Magen, in den wir einen glühendheißen Stein warfen, war unser Suppenkessel. Seine Hörner waren unsere Löffel, seine Knochen unsere Messer und für unsere Frauen Ahle und Nadel. Aus seinen Sehnen drehten wir unsere Bogenstränge, und wir benützten sie als Faden zum Nähen. Aus seinen Rippen bauten wir Schlitten für unsere Kinder, seine Hufe wurden Rasseln. Sein mächtiger Schädel, an den wir die Pfeife lehnten, war unser Altar. Der Name des größten aller Sioux war Tatanka Iyotake – Sitting Bull. Als ihr den Büffel ausgerottet habt, habt ihr auch den Indianer getötet – den wirklichen, echten, „wilden" Indianer.

Lame Deer

Nach der Überlieferung der Lakota war es die „Weiße Büffelkuhfrau“, die ihnen die Heilige Pfeife überbrachte und dabei diese Worte sprach. Die Pfeife, das höchste Gut der Lakota, ist nach ihrem Glauben die Achse, die Himmel und Erde verbindet. Hehaka Sapa (Black Elk), heiliger Mann der Oglala-Lakota und Cousin des großen Häuptlings Crazy Horse, lebte von 1863 bis 1950. Anfang der dreißiger Jahre unseres Jahrhunderts diktierte er dem Dichter John G. Neihardt die Geschichte seines Lebens. Neihardts Buch „Black Elk Speaks“, das auch die großen Visionen Hehaka Sapas enthält, ist heute zu einem Klassiker der modernen Indianerbewegung geworden.

DIESE HEILIGE PFEIFE wird dich begleiten auf deinem Weg über die Erde; denn die Erde ist deine Großmutter und Mutter, und sie ist heilig. Jeder Schritt, den du auf ihr machst, soll wie ein Gebet sein. Der Pfeifenkopf aus rotem Stein ist ein Sinnbild für die Erde. In den Stein geschnitten, zur Mitte gewandt, ist ein Büffelkalb, stellvertretend für die Vierbeiner, die auf deiner Mutter, der Erde, leben. Der Pfeifenstiel ist aus Holz, Sinnbild für alles, was auf der Erde wächst. Und diese zwölf Federn, die am Stiel hängen, dort, wo der Pfeifenkopf befestigt ist, stammen von Wanbli Galeshka, dem Gefleckten Adler; sie stellen den Adler dar und die Geflügelten der Luft. All diese Geschöpfe, alles im Universum ist mit dir verbunden, wenn du die Pfeife rauchst – alle Wesen schicken ihre Stimmen aus und rufen zu Wakan-Tanka, dem Großen Geist. Wenn du mit dieser Pfeife betest, dann betest du für alle und mit allen.

Hehaka Sapa

FÜR UNS SIND DIE WÄLDER und die weiten Hügel und das Nordlicht und die Sonnenuntergänge lebendig, und wir leben mit ihnen und leben im Geist der Wälder, wie kein Weißer es könnte. Die großen Seen, über die wir paddeln, die einsamen kleinen Seen, wo wir unsere Biberfallen aufstellen, von einem Kreis hoher Schwarzföhren umgeben, ein Baum neben dem andern, immer nach Norden ausgerichtet, als warteten sie auf etwas, das niemals kommt, so wie wir Indianer – all das ist für uns lebendig und wirklich, und wenn wir allein sind, sprechen wir mit dem Wasser und mit den Bäumen und sind nicht einsam, nur denken wir immer an die alten, lang vergangenen Tage und an die alten Männer unseres Volkes. So leben wir in der Vergangenheit, und die übrige Welt geht an uns vorbei. Trotz ihrer modernen Erfindungen können die Weißen nicht so leben wie wir, und wenn sie es versuchen, sterben sie, denn sie verstehen nicht, was die Sonne sagt, wenn sie untergeht, und sie hören nicht die Stimmen der Alten im Wind. Der Wolf ist wild, aber er ist unser Bruder, er lebt auf die alte Weise, doch der Saganash, der weiße Mann, ist manchmal wie ein Welpe und stirbt, wenn der Wind ihn anbläst, denn er sieht bloß Bäume und Felsen und Wasser, nur die Außenseite des Buches – und kann es nicht lesen.

Anaquoness

Anaquoness, ein Ojibway, diente im ersten Weltkrieg als Soldat der kanadischen Armee in Europa. Er wurde verwundet und in ein englisches Spital gebracht. Nach Kanada zurückgekehrt, schrieb er der Krankenschwester, die ihn gepflegt hatte, einen Brief, aus dem der hier abgedruckte Text stammt.
Die Ojibway oder Chippewa (Algonkin-Sprachfamilie) gehören zum Kulturkreis der Waldindianer. Sie waren Jäger, Fischer und Sammler von wilden Früchten. Anfang des 19. Jahrhunderts hatten sie ein riesiges Gebiet besiedelt, das von Michigan und Ontario bis zum Prärieland von Saskatchewan reichte.

ICH BIN EIN MEDIZINMANN, ein *wicasa wakan*. Medizinmann – das ist ein Wort, das die Weißen erfunden haben. Ich wünschte, es gäbe ein besseres Wort, um auszudrücken, was „Medizinmann" für uns bedeutet, aber ich finde keines und du auch nicht, und so müssen wir uns wohl damit zufriedengeben.

Ein *wicasa wakan* muß viel und oft mit sich allein sein. Er will weg von der Menge, weg von den kleinen alltäglichen Dingen. Er liebt es zu meditieren, sich an einen Baum oder an einen Felsen zu lehnen und zu fühlen, wie sich die Erde unter ihm bewegt und wie über ihm das Gewicht des weiten flammenden Himmels lastet. Auf diese Weise lernt er zu verstehen. Er schließt die Augen und beginnt klarer zu sehen. Was du mit geschlossenen Augen siehst, das zählt.

Der *wicasa wakan* liebt die Stille, er hüllt sich in sie ein wie in eine Decke – eine Stille, die nicht schweigt, die ihn mit ihrer donnergleichen Stimme vieles lehrt. Solch ein Mann liebt es, an einem Ort zu sein, wo er nur das Summen der Insekten hört. Er sitzt, das Gesicht gegen Westen, und bittet um Beistand. Er redet mit den Pflanzen, und sie antworten ihm. Er lauscht den Stimmen der *wama kaskan* – der Tiere. Er wird einer von ihnen. Von allen Lebewesen fließt etwas in ihn ein, und auch von ihm strömt etwas aus. Ich weiß nicht, was und wie, aber es ist so. Ich habe es erlebt.

Ein Medizinmann muß der Erde angehören, muß die Natur lesen können wie ein weißer Mann ein Buch.

Lame Deer

Lame Deer übte in seinem Leben viele Berufe aus: er war Rodeo-Clown, Soldat, Schildermaler, Mitglied der Stammespolizei, Schäfer. Vor allem aber war er ein „wicasa wakan", ein heiliger Mann seines Volkes. „Medizinmann" ist eine unzutreffende Übersetzung der Weißen; das Wort „wicasa wakan" bedeutet Priester, Seher, Arzt, geistiger Führer.

Die Überlieferung von Lame Deers Lebensgeschichte verdanken wir seinem weißen Freund Richard Erdoes, der seine Gespräche mit Lame Deer niederschrieb.

Die Omaha glauben, daß alles in der Welt, „Belebtes" und „Unbelebtes", von einer gemeinsamen Lebenskraft durchdrungen ist.
In dieser Zeremonie, am achten Tag nach der Geburt eines Kindes, werden die Mächte des Himmels, der Erde und der Luft angerufen und gebeten, dem Neugeborenen Schutz zu gewähren. Das Leben des Kindes wird mit einem holprigen Weg verglichen, der sich über vier Hügel erstreckt, die die vier Lebensalter symbolisieren: Kindheit, Jugend, Erwachsenen- und Greisenalter.
Das Volk der Omaha lebt im Staat Nebraska. Sie wohnten in Dörfern aus erdbedeckten kuppelförmigen Häusern, bestellten ihre Felder mit Mais, zogen aber auf der Büffeljagd weit in die Prärie hinein und benutzten dann Zelte. Wie alle indianischen Völker verloren sie den Großteil ihres Landes an die Weißen.

EINFÜHRUNG EINES KINDES IN DIE WELT

Ho! Sonne, Mond, Sterne, ihr Wanderer
oben am Himmel,
  hört mich an!
Ein neues Leben kam in eure Mitte.
  Ich bitte euch, seid ihm wohlgesinnt!
Ebnet ihm den Weg, damit es den ersten Hügel
erklimmen kann!

Ho! Ihr Winde, Wolken, Regen, Nebel,
die ihr durch die Luft wandert,
  hört mich an!
Ein neues Leben kam in eure Mitte.
  Ich bitte euch, seid ihm wohlgesinnt!
Ebnet ihm den Weg, damit es den zweiten Hügel
erklimmen kann!

Ho! Ihr Berge, Täler, Flüsse, Seen, Bäume, Gräser,
ihr auf der Erde,
  hört mich an!
Ein neues Leben kam in eure Mitte.
  Ich bitte euch, seid ihm wohlgesinnt!
Ebnet ihm den Weg, damit es den dritten Hügel
erklimmen kann!

Ho! Ihr Vögel, groß und klein,
in der Luft,
Ho! Ihr Tiere, groß und klein,
in den Wäldern,
Ho! Ihr Geschöpfe,
die ihr im Gras umherkriecht
und in der Erde wohnt –
hört mich an!
Ein neues Leben kam in eure Mitte.
Ich bitte euch,
seid ihm wohlgesinnt!
Ebnet ihm den Weg, damit es
den vierten Hügel erklimmen kann!

Ho! Ihr alle am Himmel,
ihr in der Luft, ihr auf der Erde:
hört mich an!
Ein neues Leben kam in eure Mitte.
Ich bitte euch,
seid ihm wohlgesinnt,
seid ihm alle wohlgesinnt!
Ebnet ihm den Weg
dann wird es weit hinaus über
die vier Hügel wandern!

Zeremonialgesang der Omaha

GEBET DES GROSSVATERS

Die Wintu sind ein kleiner Stamm, der im nördlichen Kalifornien lebt.
Olelbes: der Weltschöpfer, an den sich das Gebet wendet. Ebenso direkt werden jedoch auch die „Dinge“ der Welt angesprochen. Sie sind nach indianischer Überzeugung Manifestationen des einen Höchsten Wesens, durch die der Betende an den Schöpfer herantreten kann. Trotz aller Schwäche und Trauer des Alters drückt das Gebet gelassene Ruhe und eine tiefe Verbundenheit mit der Schöpfung aus.

O du dort oben, Olelbes, blick auf mich herab.
Ich wasche mein Gesicht mit Wasser, für dich,
damit ich gesund bleibe.
Ich bin ein alter Mann; meine Kraft hat mich verlassen.
Du, Hirsch, der du uns dein Fleisch
zur Nahrung gibst,
du lebst hoch oben in den Bergen,
im Osten, im Westen, im Norden, im Süden,
du, Lachs, tummelst dich im Wasser.
Ich kann dich nicht mehr erlegen
und heimtragen, Hirsch.
Ich kann nicht mehr zum Fluß hinuntersteigen,
um dich zu fangen, Lachs.
Wenn ein Mann so alt ist wie ich,
hat er keine Kraft mehr.
Ich bin alt geworden, Felsen, seht mich an.
Ich bin alt geworden, Bäume, seht mich an.
Ich bin alt geworden, Wasser, sieh mich an.
Ihr Eicheln, ich kann euch nie wieder ernten.
Du, Wasser, ich kann dich nicht mehr schöpfen
und nach Hause tragen.
Meine Beine sind schwach geworden.
Kieferbaum, da stehst du,
ich kann dich nie mehr erklettern.
Meine Arme sind schwach geworden.
Holz du, Holz, ich kann dich nicht mehr
auf meinem Rücken nach Hause tragen,
denn wie ein Kind in der Wiege bin ich.

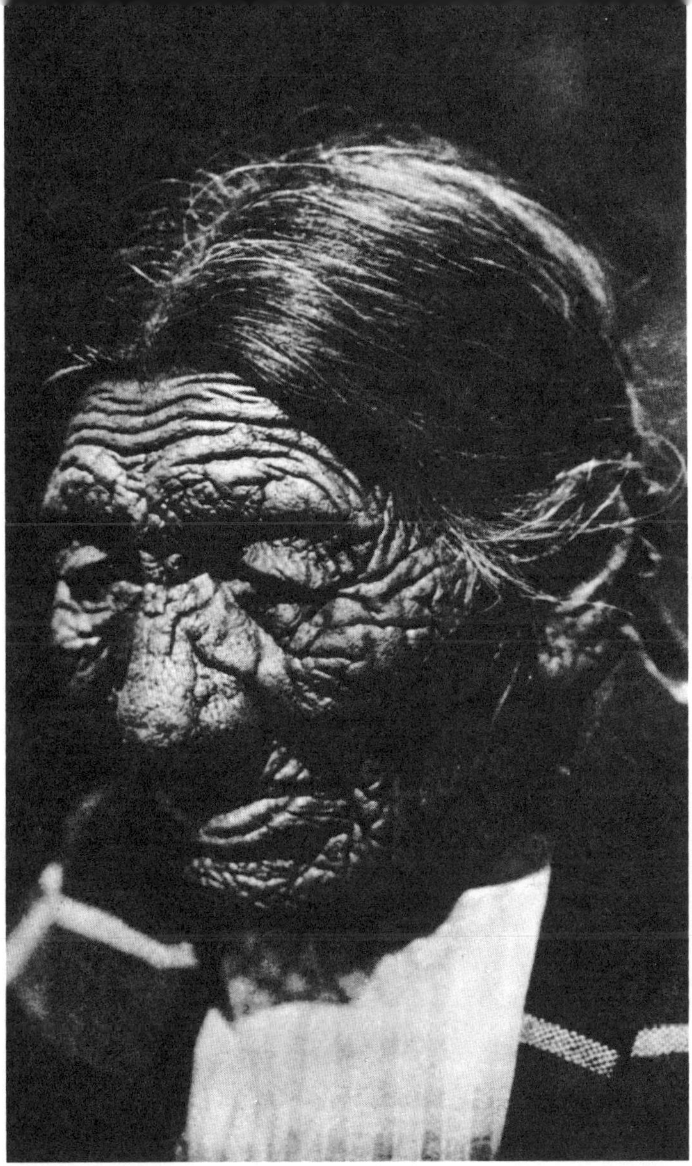

Die schon lange fortgingen, meine Ahnen,
haben es mir vorausgesagt.
Auch meinen Kindern wird es ergehen wie mir.

Gebet eines Wintu

Hehaka Sapa war neun Jahre alt, als er auf einem einsamen Berg seine erste große Vision hatte. Die Welt, die er in dieser Vision sah, bezeichnet er als die „wirkliche", während alles, was wir „hier" sehen, nur ein Schatten, ein schwacher Abglanz davon ist. Für einen Indianer ist mit einer Vision stets eine Verpflichtung verbunden. Black Elk sah es als seine Aufgabe an, den durch den Einfluß der Weißen „zerbrochenen Ring" seines Volkes zu erneuern, den Lebensbaum der Sioux zu neuer Blüte zu erwecken.

Die Sioux (sprich: Ssu), die sich selber Lakota oder Dakota („Freunde", „Verbündete") nennen, lebten in einzelnen Sippen und Verbänden in ihrem Jagdgebiet in der weiten Grasebene verstreut und kamen nur während des Sommers zu den großen Festen zusammen. Das aus sieben Stämmen („sieben Lagerfeuer") bestehende Volk war demokratisch organisiert, Stammesführer wurden nach ihren Fähigkeiten gewählt und konnten auch wieder abgesetzt werden.

ICH STAND AUF DEM HÖCHSTEN aller Berge, und ringsum in der Tiefe lag der ganze Erdkreis. Und während ich dort stand, sah ich mehr, als ich erzählen kann, und verstand mehr, als ich sah; denn ich schaute in heiliger Entrückung die Gestalt aller Wesen, und ich sah die Form aller Formen im Geist und wie alle Wesen eins wurden. Und ich sah, daß der heilige Ring meines Volkes einer von vielen Ringen war, die miteinander einen Kreis ergaben, weit wie das Licht des Tages und das Licht der Sterne, und in der Mitte dieses Kreises wuchs ein mächtiger blühender Baum, der allen Kindern der einen Mutter und des einen Vaters Schutz gewährte.

Hehaka Sapa

WENN DU KOMMST, WEISSER MANN, MÜSSEN WIR STERBEN

Speckled Snake, ein über hundert Jahre alter Creekindianer, sprach diese Worte im Jahr 1829, als der amerikanische Präsident Andrew Jackson die Creek und vier weitere Völker (Chickasaw, Cherokee, Choctaw und Seminolen) aufforderte, ihr Land im Südosten zu verlassen und über den Mississippi nach Westen zu ziehen.
Bei manchen der historischen Reden ist der ursprüngliche Wortlaut nicht immer exakt feststellbar; Eingriffe der Übersetzer ins Englische sind nicht auszuschließen. Die Texte wurden nur in diesen englischen Fassungen überliefert.

BRÜDER! Wir haben die Rede unseres Großen Vaters gehört, sie ist sehr freundlich. Er sagt, daß er seine roten Kinder liebt. Als der erste Weiße über das Große Wasser kam, war er nur ein kleiner Mann ... sehr klein. Seine Beine waren müde vom langen Sitzen in seinem großen Schiff, und er bat uns um ein Stückchen Land. Als er an diese Küste kam, gaben ihm die Indianer Land, sie zündeten Feuer für ihn an, damit er sich wohl fühle. Aber nachdem er sich am Feuer der Indianer gewärmt und sich an ihrem Maisbrei sattgegessen hatte, wurde er sehr groß. Er überschritt die Berge, seine Füße bedeckten die Ebenen und Täler. Seine Hände griffen nach dem Meer im Osten und im Westen. Dann wurde er unser Großer Vater. Er liebte seine roten Kinder, aber er sagte zu ihnen: „Geht ein wenig weiter fort, damit ich nicht versehentlich auf euch trete."
Brüder! Ich habe viele Reden unseres Großen Vaters gehört. Stets begannen und endeten sie mit diesen Worten: „Geht ein wenig weiter fort, ihr seid mir zu nahe."

Speckled Snake

IHR WOLLT, DASS WIR IN EINE RESERVATION gehen, und ihr wollt Häuser und Medizinhütten für uns bauen. Ich brauche all das nicht. Ich wurde in der Prärie geboren, wo der Wind frei darüberstrich und nichts das Licht der Sonne abschirmte. Ich wurde in einem Land geboren, wo es keine Zäune gab und alles frei atmete. Dort möchte ich auch sterben – und nicht zwischen Wänden. Ich kenne jeden Wasserlauf und jeden Wald zwischen dem Rio Grande und dem Arkansas, ich habe in diesem Land gejagt und gelebt. Ich lebte wie meine Väter vor mir, und wie sie lebte ich glücklich.

Ten Bears

Im Oktober des Jahres 1867 fand in Medicine Lodge, Kansas, eine Versammlung von Häuptlingen und Kriegern statt, an der Arapahos, Cheyennen, Kiowas, Comanchen und Apachen teilnahmen. Ein neuer Friedensplan der amerikanischen Regierung sah vor, diese fünf Völker in eine große Reservation südlich des Arkansas umzusiedeln. Ten Bears (1792–1872) wandte sich als Sprecher der Comanchen an die Regierungskommission, bevor er den Vertrag unterschrieb.
Medizinhütten: Kirchen und Schulen.

DAS LAND VERKAUFEN? Warum nicht auch die Luft und das Meer? Hat nicht der Große Geist all das zum Wohl seiner Kinder erschaffen?

Tecumseh

Der Shawnee-Häuptling Tecumseh, einer der größten indianischen Staatsmänner, wurde um 1770 geboren und fiel 1813 im Kampf gegen amerikanische Truppen. Er war ein glänzender Redner, kämpfte erbittert gegen das Vorrücken des weißen Mannes und strebte eine Allianz der indianischen Völker an.

Diese Worte sprach ein Häuptling der Blackfoot, als Abgesandte der Regierung ihn dazu bewegen wollten, einen Vertrag zu unterschreiben, in dem er dem Verkauf seines Gebietes zustimmte. Geld und Wertsystem der Weißen werden von ihm abgelehnt.
Die Blackfoot waren eines der mächtigsten Völker der Plains mit einer hochstehenden nomadischen Reiterkultur; lange Zeit verhinderten sie erfolgreich das Vordringen der Weißen. Bei einer Pockenepidemie im Jahr 1836 starb mehr als die Hälfte des Stammes. Weitere Pockenepidemien folgten. Um 1883 verschwanden die Büffel aus der Prärie, viele Blackfoot verhungerten. Heute lebt das Volk in Reservationen in Montana und Kanada.

UNSER LAND IST WERTVOLLER als euer Geld. Es wird immer da sein. Nicht einmal Feuer kann es zerstören. Solange die Sonne scheint und Wasser fließt, wird dieses Land bestehen und Menschen und Tieren Leben spenden. Wir können das Leben von Menschen und Tieren nicht verkaufen, daher können wir auch das Land nicht verkaufen. Der Große Geist hat es für uns erschaffen, und wir dürfen es nicht verkaufen, denn es gehört uns nicht. Ihr könnt euer Geld zählen und es verbrennen, und ihr braucht dazu nicht länger als ein Büffel, der mit dem Kopf nickt, aber nur der Große Geist kann die Sandkörner und Grashalme dieser Ebenen zählen. Als Geschenk werden wir euch alles geben, was wir haben – alles, was ihr forttragen könnt; aber unser Land – niemals.

Ein Häuptling der Blackfoot

WELCHEN VERTRAG, den die Weißen eingehalten haben, hat der rote Mann gebrochen? Nicht einen. Welchen Vertrag, den die Weißen mit uns schlossen, haben sie gehalten? Nicht einen. Als ich ein Junge war, gehörte die Welt den Sioux. Die Sonne ging auf und unter in ihrem Land, sie schickten zehntausend Männer in den Kampf. Wo sind heute die Krieger? Wer hat sie getötet? Wo ist unser Land? Wem gehört es?
Welcher Weiße kann sagen, daß ich ihm sein Land oder einen Penny seines Geldes gestohlen hätte? Und doch nennen sie mich einen Dieb. Welche weiße Frau, auch wenn sie ganz allein war, wurde jemals von mir gefangengenommen oder beleidigt? Und doch nennen sie mich einen schlechten Indianer. Welcher Weiße hat mich jemals betrunken gesehen? Wer ist jemals hungrig zu mir gekommen und wurde nicht satt? Wer hat je gesehen, daß ich meine Frauen schlug oder meine Kinder mißhandelte? Welches Gesetz habe ich gebrochen? Ist es ein Unrecht, wenn ich die Meinen liebe? Bin ich böse, weil meine Hautfarbe rot ist? Weil ich ein Sioux bin? Weil ich geboren wurde, wo mein Vater lebte, weil ich bereit bin, für mein Volk und für mein Land zu sterben?

Sitting Bull

Tatanka Iyotake („Büffelbulle, der sich niedersetzt"), bei den Weißen als Sitting Bull bekannt, wurde um 1830 geboren. Am 15. Dezember 1890 wurde er gefangengenommen und ermordet.
Gebrochene Verträge, nicht gehaltene Versprechen, Betrug – solche Mittel benutzten die Weißen gegen die Indianer, denen jedes Wort heilig war. „Nirgendwo in der Welt gab es wertlosere Papierfetzen als all diese Regierungsdokumente und Verträge, die mit Indianern geschlossen wurden", sagt Ohiyesa, ein Zeitgenosse Sitting Bulls.

1868 schloß die Regierung der Vereinigten Staaten mit den Lakota den Vertrag von Fort Laramie, der ihnen die Besitzrechte auf ihr Land bestätigte. Nicht lange danach wurde in der Reservation von den Weißen Gold entdeckt. Als die Lakota aufgefordert wurden, dieses Gebiet abzutreten, beriefen sie sich auf den Vertrag von 1868. Daraufhin schickte die Regierung Truppen unter General Custer aus; es kam zur Schlacht am Little Big Horn (1876), in der die Lakota gemeinsam mit Cheyennen und Arapahos Custers Armee vernichtend schlugen. Nun erklärte Washington den Vertrag von Fort Laramie für ungültig.

BRÜDER, SEHT, ES IST FRÜHLING geworden. Die Sonne hat die Erde umarmt. Alle Samen sind erwacht, alle Tiere haben neu zu leben begonnen. Von dieser großen, geheimnisvollen Kraft stammt auch unser Leben. Daher gewähren wir all unseren Nachbarn, selbst den Tieren, das gleiche Recht, das auch wir beanspruchen: das Recht, in diesem Land zu leben.
Jetzt aber, mein Volk, haben wir es mit einer anderen Art von Menschen zu tun. Klein und schwach waren sie, als unsere Väter sie kennenlernten, aber nun sind sie groß und anmaßend geworden. Die Liebe zum Besitz ist eine Krankheit, an der sie alle leiden. Sie haben viele Gesetze gemacht, die die Reichen brechen dürfen, die Armen aber nicht. Sie nehmen Steuern von den Armen und Schwachen und unterstützen damit die Reichen, die über die anderen herrschen. Sie beanspruchen unsere Mutter, die Erde, als ihr Eigentum und bauen Zäune, um die Nachbarn fernzuhalten. Sie schänden die Erde mit ihren Bauwerken und ihrem Abfall. Das Volk der Weißen gleicht einem Fluß, der im Frühling über die Ufer tritt und alles in seinem Umkreis zerstört. Wir können nicht Seite an Seite mit ihnen leben. Vor sieben Jahren erst schlossen wir einen Vertrag, der uns das Büffelland für immer zusprach. Nun wollen sie es uns wegnehmen. Brüder, sollen wir uns ihnen unterwerfen? Oder sollen wir zu ihnen sagen: „Bevor ihr das Land meiner Väter in Besitz nehmt, müßt ihr mich zuerst töten…"

Sitting Bull

VIELE ANDERE LAKOTA, die die Schüsse gehört hatten, kamen jetzt von Pine Ridge herauf, und vereint griffen wir die Soldaten an. Sie flohen nach Osten, dorthin, wo alles begonnen hatte. Wir folgten ihnen das Talbett hinunter, und was wir sahen, war schrecklich. Überall lagen tote und verwundete Frauen, Kinder und Säuglinge, sie waren niedergemacht worden, als sie zu fliehen versucht hatten. Manchmal lagen sie dichtgedrängt, weil sie beieinander Schutz gesucht hatten, dann wieder vereinzelt und weit verstreut. Manchmal war eine ganze Gruppe von Kanonengeschossen getroffen und zerfetzt worden. Ich sah einen Säugling, der an der Brust seiner toten, blutüberströmten Mutter trinken wollte.

Es war ein schöner Wintertag, an dem all das geschah. Die Sonne schien. Als aber die Soldaten ihr schmutziges Werk getan hatten und fortmarschiert waren, begann es, dicht zu schneien. In der Nacht kam Wind auf. Ein Schneesturm setzte ein, und es wurde eisig kalt. Von tiefen Schneewehen bedeckt, wurde das gekrümmte Talbett ein riesiges Grab hingeschlachteter Frauen und Kinder, die niemandem etwas Böses getan und nur zu entkommen versucht hatten.

Wenn ich jetzt, ein alter Mann, an diesen Tag zurückdenke, sehe ich noch immer die toten Frauen und Kinder vor mir, ich sehe sie so deutlich wie damals, als meine Augen jung waren. Und ich weiß, daß noch etwas anderes dort im blutgetränkten Schlamm gestorben ist und im Schneesturm begraben wurde. Der Traum eines Volkes starb dort. Es war ein schöner Traum.

Hehaka Sapa

Der 29. Dezember 1890 ist ein trauriges Datum in der indianischen Geschichte: Im Massaker von Wounded Knee (Süddakota) wurde eine Schar von etwa 300 halbverhungerten Lakota, Männer, Frauen und Kinder unter der Führung von Big Foot, von Regierungssoldaten niedergemetzelt. Dieses Massaker beendete jäh alle Hoffnungen, die die sogenannte Geistertanzbewegung in vielen Indianern geweckt hatte. Von einem Paiute-Indianer namens Wovoka begründet, verhieß diese messianische Bewegung den unterdrückten Indianern das Kommen eines Retters, der die Weißen vertreiben würde; die Prärie würde wieder grünen, der Büffel zurückkehren, und Menschen und Tiere würden in Frieden leben. Obwohl der „ghost-dance“ nicht kriegerisch war, fürchtete die amerikanische Regierung einen Aufstand und schickte Soldaten gegen die Indianer aus. – Wounded Knee ist zum Symbol der neuen Indianerbewegung geworden.

ICH BIN DES KÄMPFENS MÜDE. Unsere Häuptlinge sind gefallen. Looking Glass ist tot. Toohulhulsote ist tot. Keiner der alten Männer ist mehr am Leben. Jetzt sind es die jungen, die ja oder nein sagen müssen. Mein Bruder Ollokot, der die jungen Männer führte, ist tot. Es ist kalt, und wir haben keine Decken. Die kleinen Kinder erfrieren. Ein paar von meinen Leuten sind in die Berge geflohen, sie haben keine Decken und nichts zu essen. Niemand weiß, wo sie sind, vielleicht erfrieren sie. Ich möchte meine Kinder suchen und sehen, wie viele von ihnen ich finden kann. Vielleicht werde ich sie unter den Toten finden. Hört mich an, meine Häuptlinge! Ich bin müde, mein Herz ist krank und traurig. Seht, wo die Sonne jetzt steht – von nun an werde ich nie wieder kämpfen.

Häuptling Joseph

Die Nez Percé lebten in Oregon, im Nordwesten der Vereinigten Staaten, in einem Land hoher Berge, klarer Gebirgsflüsse und fruchtbarer Täler. Eines jener indianischen Völker, die ein friedliches Zusammenleben mit den Weißen anstrebten, wurden sie ein Opfer der unersättlichen Landgier der nach Westen vordringenden Siedler.
Inmut-Tooyahlatlat („Donner, der über die Berge rollt"), geboren 1840, den die Weißen „Häuptling Joseph" nannten, mußte 1877 mit seinen Leuten das heimatliche Wallowa-Tal verlassen. Auf dem Weg in die Reservation, in der es kaum noch Lebensraum für neue Bewohner gab, kam es zu Zusammenstößen mit Siedlern. Joseph versuchte nun, seine kleine Schar (250 Krieger, 450 Frauen, Kinder und alte Menschen) nach Kanada in Sicherheit zu bringen und wurde von einer ganzen Armee unter mehreren Generälen verfolgt. Elf Wochen dauerte die Flucht, etwa 2500 Kilometer wurden zurückgelegt, meist über unwegsames Berggelände; immer wieder gelang es Joseph, die Soldaten zu besiegen und abzuschütteln. Nur fünfzig Kilometer von der kanadischen Grenze entfernt wurden die erschöpften Nez Percé während eines Schneesturms umzingelt. Joseph überreichte General Miles sein Gewehr und ergab sich. Er starb 1904, „an gebrochenem Herzen", wie der Reservationsarzt sagte.

Standing Bear (1868–1939), ein Lakota, lernte als Kind noch das freie Leben im Grasland von Nebraska und Süddakota kennen. Mit elf Jahren kam er nach Carlisle, Pennsylvania, in eine Internatsschule der Weißen, wo man ihm den Namen Luther gab. Ziel dieser und anderer Regierungsschulen war es, alles Indianische in den Schülern auszulöschen, damit sie sich nahtlos in die „zivilisierte" Gesellschaft einfügten. Das Verbot, in der eigenen Sprache zu reden, machte den Alltag in der Schule trostlos.
Francis La Flesche, ein Omaha, schreibt: „Wer das Gebot übertrat, wurde mit dem Eichenstock bestraft. Ein Neuling mußte daher wie eine stumme Puppe umhergehen, bis er gelernt hatte, sich englisch auszudrücken."

IN DER SCHULE VON CARLISLE begann unsere Umerziehung. Auf keinen Fall konnten wir zivilisiert werden, solange wir Decken und Mokassins trugen. Man nahm uns die gewohnte Kleidung weg und steckte uns in Kleider, die unbequem waren und uns schwerfällig machten. In den engen Hosen konnten wir kaum atmen, wir litten unter den Lederschuhen und sehnten uns danach, wieder barfuß zu gehen. Selbstverständlich wurde auch unser Haar geschnitten, denn langes Haar stand unserer Erziehung seltsamerweise im Weg.
Man hatte uns auch verboten, in der Sprache unseres Volkes zu reden. Viele von uns konnten die Einsamkeit und das Eingesperrtsein, die neue Kleidung und die ungewohnte Nahrung nicht verkraften; innerhalb von drei Jahren war fast die Hälfte der Kinder aus der Prärie tot und brauchte keine irdische Schule mehr.

Luther Standing Bear

EINE GANZE WOCHE LANG wurden wir jungen Krieger mit Wörtern aus drei Buchstaben gequält. Wie Himbeerranken rissen sie uns blutig – diese kleinen Wörter „rat" oder "cat" -, trieben uns den Schweiß auf die Stirn, bis von unserer indianischen Würde und Selbstachtung nichts mehr übrig war.
Die Stunden und Tage verstrichen in ermüdender Regelmäßigkeit. Wir mußten Wörter nachsprechen und sie buchstabieren, mußten zählen lernen und imaginäre Summen addieren. Wir Indianer haben niemals Geld besessen, das wir zählen hätten können, auch keine Kartoffeln, Rüben oder Ziegel. Der einzige Wert, den wir schätzten, war unsere Ehre, und Ehre kann man nicht kaufen.
Ich war in den weiten, fruchtbaren Prärien aufgewachsen und an Freiheit und Großzügigkeit gewöhnt. Hier aber schien jeder seine Kartoffeln und Äpfel schon lang vor der Ernte zu zählen. Jeder Bach, und war er noch so klein, mußte Mühlen und Fabriken antreiben wie ein großer Fluß.

Ohiyesa

Ohiyesa (mit „weißem" Namen Charles Alexander Eastman), ein Dakota vom Stamm der Santee, lebte von 1858 bis 1939. Vor seinem fünfzehnten Lebensjahr hatte er kaum Kontakt mit weißen Amerikanern. Auf Drängen seines in der Kriegsgefangenschaft zum Christentum bekehrten Vaters besuchte Ohiyesa die Schule; er war einer der ersten Sioux, die ein Hochschulstudium absolvierten. Er wurde Arzt, zunächst in der Pine Ridge Reservation, wo er Zeuge des Massakers von Wounded Knee war. Auch politisch und als Schriftsteller setzte er sich für sein Volk ein. In dem Buch „From the Deep Woods to Civilization" beschreibt er seine Erfahrungen mit der Welt der Weißen.

Am 1. Dezember des Jahres 1927 wandte sich das „Grand Council Fire of American Indians“ mit dieser Resolution an den Bürgermeister von Chicago. Die doppelte Moral der Weißen wird darin scharf angeprangert.

EURE GESCHICHTSBÜCHER lehren die Kinder, daß wir Indianer Mörder waren – ist man ein Mörder, wenn man sein Leben verteidigt? Wir töteten die Weißen, weil sie uns das Land wegnahmen, unsere Jagdgebiete zerstörten, unsere Wälder niederbrannten, den Büffel ausrotteten, von dem wir lebten. Die Weißen pferchten uns zuerst in Reservationen, dann nahmen sie uns auch diese weg. Weiße Männer, die ihr Eigentum verteidigen, nennt ihr Patrioten – Indianer, die dasselbe tun, nennt ihr Mörder.

Die Weißen nannten uns Diebe – uns, die wir in einfachen Zelten aus Tierhäuten lebten und weder Schlösser noch Riegel brauchten. Ihr nennt uns Wilde. Aber was ist Zivilisation? Ihre Kennzeichen sind eine hochstehende Religion und Lebenssicht, eigenständige Kunst und Musik, ein reicher Schatz an Geschichten und Legenden. Das alles hatten wir. Wir sangen Lieder, in deren Melodien die Natur zu uns sprach – das Rauschen des Wassers, die Stimme des Windes, die Rufe der Tiere. Lehrt eure Kinder diese Lieder, damit sie die Natur so lieben lernen wie wir. Sagt ihnen, daß wir alles, was schön war, liebten und schätzten. Daß wir nie zum Vergnügen jagten, sondern einzig um unseren Hunger zu stillen. Weiße Menschen, die die Jagd als Sport betreiben, sind in unseren Augen Mörder.

Grand Council Fire of American Indians

DER BODEN, AUF DEM WIR STEHEN, ist heilig. Er ist der Staub und das Blut unserer Ahnen. Noch ein paar Sommer, ein paar Winter, und auch wir werden nicht mehr hier sein, unsere Körper werden in diesem Grasland liegen und eins werden mit der Erde. Wie in einer Vision sehe ich die erlöschende Glut unserer Ratsfeuer, die Asche grau und kalt. Ich sehe den Rauch nicht mehr aus unseren Zelten aufsteigen. Ich höre die Lieder unserer Frauen nicht mehr, wenn sie das Essen bereiten. Die Antilopen sind fort, die Büffel sind aus der Prärie verschwunden. Nur noch das Klagen des Kojoten ist zu hören. Der Weiße hat eine stärkere Medizin als wir, sein eisernes Pferd braust über den Büffelpfad. Er spricht mit uns durch seinen „flüsternden Geist", das Telefon. Wir sind wie Vögel mit gebrochenen Schwingen. Das Herz in meiner Brust ist kalt geworden. Meine Augen werden schwach – ich bin alt …

Plenty Coups

Plenty Coups (Aleek-chea-ahoosh, 1848–1932) war ein Häuptling der Crow. „Coup" (aus dem Französischen) nannten die Plainsvölker eine der mutigsten Taten eines Kriegers: Der Feind wurde im Kampf mit einem Stab, dem „coupstick", oder mit der bloßen Hand berührt. – Der Text stammt aus einer Rede, die der Häuptling im Jahr 1909 in Montana hielt.

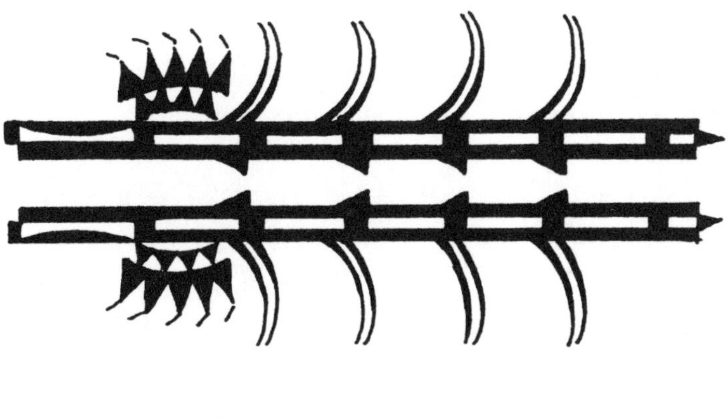

WIE LANGE HABE ICH DICH GEKANNT, o Kanada? Hundert Jahre? Ja, hundert Jahre. Und viele, viele Jahrhunderte mehr. Und heute, wenn du deinen hundertsten Geburtstag feierst, o Kanada, bin ich traurig über das, was du den Indianervölkern im ganzen Land angetan hast.

Denn ich habe dich gekannt, als deine Wälder noch mein waren; als sie mir Kleidung und Nahrung gaben. Ich kannte dich in deinen Bächen und Flüssen, in denen deine Fische aufblinkten und im Sonnenlicht tanzten, und deren Wasser sagte: Komm, stille deinen Hunger an meinem Reichtum! Ich kannte dich in deinen Winden, die ungebunden über dich hinwegbliesen. Und frei wie der Wind wanderte einst meine Seele über deine gute Erde.

Aber in den langen hundert Jahren, seit die weißen Menschen kamen, verschwand meine Freiheit wie der Lachs auf seiner geheimnisvollen Reise ins Meer. Die fremden, seltsamen Sitten der Weißen lasteten schwer auf mir, bis ich nicht mehr atmen konnte.

Wenn ich kämpfte, um mein Land und mein Heim zu schützen, nannten sie mich einen Wilden. Wenn ich die Lebensart der Weißen weder verstand noch annehmen wollte, nannten sie mich faul. Wenn ich versuchte, mein Volk zu leiten, sprachen sie mir das Recht dazu ab.

In deinen Geschichtsbüchern steht nichts von meinem Volk – für die Geschichte Kanadas waren wir kaum von größerer Bedeutung als die Büffel in der Prärie. In deinen Theaterstücken und Filmen hast du mich lächerlich

gemacht, und wenn ich dein Feuerwasser trank, war ich betrunken – sehr betrunken. Und ich vergaß.
O Kanada, wie kann ich also dein hundertjähriges Jubiläum mit dir feiern? Soll ich dir danken für die Reservationen, die mir von meinen schönen Wäldern geblieben sind? Für die Fischkonserven aus meinen Flüssen? Für den Verlust meines Stolzes und meiner Autorität, sogar dem eigenen Volk gegenüber? Soll ich dir dafür danken, daß ich den Willen verloren habe, mich zu wehren?
Oh, Gott im Himmel, gib mir den Mut der alten Häuptlinge zurück!

Dan George

Dan George, Häuptling der Salish und Ehrenhäuptling der Suquamish in British Columbia, hielt diese Rede 1967 in Vancouver anläßlich der Hundertjahrfeier Kanadas.

Chiparopai, eine weise alte Yuma-Indianerin, sprach um die Jahrhundertwende über die durch den Einfluß der Weißen völlig veränderten Lebensverhältnisse ihres Volkes. Für uns harmlose Krankheiten wie Schnupfen, Husten oder Grippe hatten bei den Indianern, denen sie unbekannt waren, zum Teil verheerende Auswirkungen. Die Yuma („Söhne des Flusses") leben in einer Reservation am Colorado River im Südosten Kaliforniens.

KRANKHEIT KOMMT MIT DIR, weißer Mann, und Hunderte von uns sterben. Wo ist unsere Kraft? In den alten Tagen waren wir stark. Wir jagten und fischten. Wir pflanzten kleine Felder an mit Mais und Melonen und aßen die Früchte des Mesquitstrauches. Jetzt ist alles anders. Wir essen die Nahrung der Weißen, und sie macht uns schwach. Wir tragen die schwere Kleidung der Weißen, und sie macht uns krank. In den alten Zeiten gingen wir jeden Tag, ob Sommer oder Winter, zum Fluß hinunter und badeten. Das härtete uns ab und gab uns Kraft. Aber die weißen Siedler waren entsetzt, wenn sie einen nackten Indianer sahen, und deshalb halten wir uns heute vom Flußufer fern. In den alten Tagen trugen wir den Lendenschurz und Kleidung aus Rinde und Binsen. Den ganzen Winter arbeiteten wir im Freien, im Wind, mit bloßen Armen und Beinen, und doch war uns nie kalt. Jetzt aber, wenn der Wind von den Bergen herabbläst, fangen wir zu husten an. Ja, wir wissen: wenn du kommst, weißer Mann, müssen wir sterben.

Chiparopai

In einem großen Gebet auf dem Harney Peak in den Black Hills, dem Ort seiner ersten Vision, rief Hehaka Sapa 1931 zu Wakan-Tanka, dem „Großen Geheimnis". Die „sechs Mächte der Welt" (die vier Himmelsrichtungen, Himmel und Erde) sind Mittler Wakan-Tankas.
Zeit seines Lebens litt Hehaka Sapa darunter, daß sein Wirken zur Erneuerung seines Volkes keine sichtbaren Ergebnisse brachte. Erst nach seinem Tod, mit der neuen Indianerbewegung, fügte sich der zerbrochene „Ring seines Volkes" wieder zusammen, nun nicht nur die Sioux, sondern viele Indianervölker umfassend.

IN TRAUER erhebe ich meine schwache Stimme, o ihr sechs Mächte der Welt. Hört mich an, denn es ist vielleicht das letzte Mal, daß ich zu euch rufe. Schenkt meinem Volk neues Leben!

Hehaka Sapa

WIR WERDEN ÜBERLEBEN

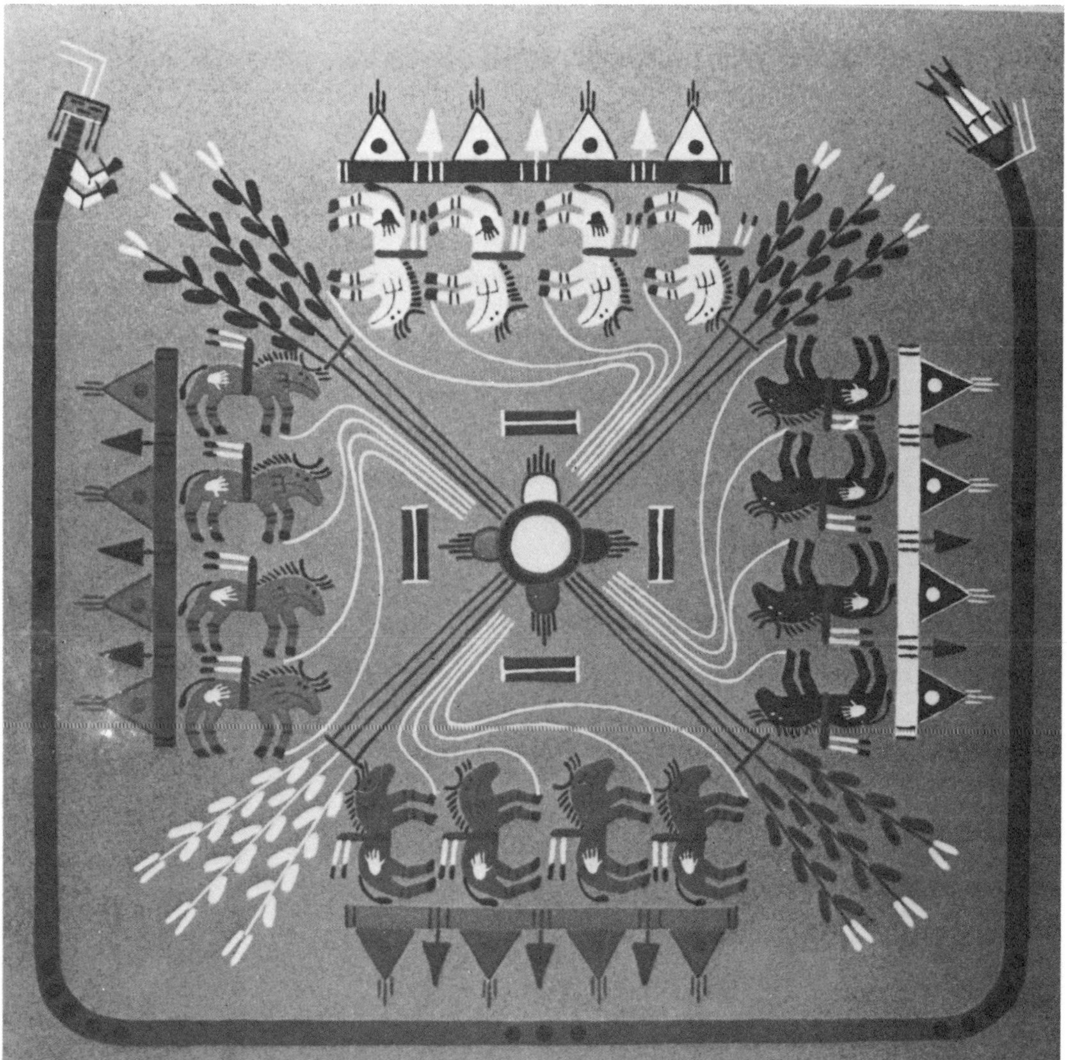

Simon J. Ortiz, geboren 1941 in Albuquerque, studierte an den Universitäten von New Mexico und Iowa. Er ist einer der bekanntesten indianischen Lyriker der Gegenwart und hat zahlreiche Bücher veröffentlicht. In seiner Lyrik (wie in der modernen indianischen Lyrik überhaupt) findet sich ein grundlegender Optimismus, eine große Liebe zum Leben – trotz aller Grausamkeiten und Unmenschlichkeiten, die den Indianern in Vergangenheit und Gegenwart zugefügt worden sind.

DER WEG ZU ÜBERLEBEN

Ich weiß, wie wir überleben.
Ich kenne den Weg.
Der Regen fällt.
Berge und Canyons und Pflanzen
wachsen.
Wir gingen diesen Weg,
maßen die Entfernungen mit Geschichten
und liebten unsere Kinder.
Wir lehrten sie,
ihr Leben zu lieben.
Wir sagten uns immer
und immer wieder:
„So werden wir überleben."

Simon J. Ortiz

WEGWEISER

Mein Großvater wies mir den Weg
Nach Osten,
um mir die Kraft des Bären zu geben;
Nach Süden,
um mir den Mut des Adlers zu geben;
Nach Westen,
um mir die Weisheit der Eule zu geben;
Nach Norden,
um mir die Schlauheit des Fuchses zu geben;
Zur Erde,
damit sie mir ihre Früchte schenke;
Zum Himmel,
damit ich ein gutes Leben führe.

Alonzo Lopez

Alonzo Lopez, ein zeitgenössischer Lyriker, gehört zum Volk der Papago. Die Papago leben im Wüstengebiet im Südwesten Nordamerikas.

Tatanga Mani (Walking Buffalo) vom Volk der Stoney-Indianer wurde 1871 geboren und als Kind von einem weißen Missionar adoptiert. Die Stoney, ein nomadischer Stamm, lebten in den kanadischen Rocky Mountains und in der angrenzenden Prärie. Tatanga Mani wurde in einer Schule der Weißen erzogen, hörte aber nie auf, von der Natur, dem „Buch des Großen Geistes", zu lernen. Sein langes Leben umspannt die unterschiedlichsten Erfahrungen: die einfachen Stangenschlitten seiner Kindheit waren ihm ebenso vertraut wie die Flugzeuge, in denen er als alter Mann auf Wunsch der kanadischen Regierung eine Welttour machte, um für Frieden und Geschwisterlichkeit unter den Menschen einzutreten. Tatanga Mani starb 1967.

ICH KAM MIT EINER BRONZEFARBENEN Haut auf die Welt, und ich fühle mich wohl damit. Manche meiner Freunde wurden mit weißer oder schwarzer oder gelber Haut geboren. Man hat sie nicht gefragt, und doch ist es gut so. Es gibt gelbe Rosen, weiße Rosen und rote Rosen, und jede von ihnen ist schön. Ich hoffe, daß meine Kinder in einer Welt leben werden, in der die Menschen aller Hautfarben miteinander auskommen und zusammen arbeiten, ohne daß die Mehrheit versucht, die anderen nach ihrem Willen umzuformen.

Tatanga Mani

Vine Deloria jr., vom Volk der Sioux, ist einer der Wortführer der modernen Indianerbewegung. Seine Bücher „Custer Died For Your Sins" (1969) und „We Talk, You Listen" (1970) sind Bestseller geworden.

WIR INDIANER werden niemals eine großartige Organisation besitzen, die unsere Rechte auf der Straße erkämpft. Wir werden niemals eine bedeutende politische Macht sein, und es wird auch keine einflußreiche Lobby hinter uns stehen. Aber wir werden immer jene Einheit und Gemeinschaft besitzen, die uns vier Jahrhunderte der Verfolgung überstehen hat lassen. Wir sind ein Volk, geeint durch unsere Menschlichkeit. Aus unserer größeren inneren Kraft heraus werden wir dem Weißen Mann Widerstand leisten und schließlich stärker sein als er. Wir werden überleben.

Vine Deloria jr.

Als Vermittler zwischen den beiden Kulturen, der seine Wurzeln jedoch nie vergaß, war Tatanga Mani prädestiniert, den Weißen Denkart und Lebenssicht der Indianer nahezubringen.
Die Bezeichnung „Großer Geist" (nach dem Algonkin-Wort „Kitche Manitou") wurde von den einwandernden Europäern übernommen und auf alle Indianervölker ausgeweitet. In der Folge verwendeten auch Indianer selbst diese Bezeichnung.

EURE LEUTE GLAUBEN, daß die Erziehung in den Schulen darauf ausgerichtet sein sollte, aus Indianern weiße Menschen zu machen. Wir haben nie vorgeschlagen, aus Weißen Indianer zu machen, obwohl das für sie nützlich sein könnte, und daher sind wir auch dagegen, wenn man versucht, uns Indianer den Weißen anzugleichen. Für uns ist es besser, gute Indianer zu sein als schlechte Weiße. Warum können Indianer nicht wie Indianer neben den weißen Menschen leben und trotzdem von ihnen geachtet werden?
Ich habe keine höhere Schule besucht, aber der Große Geist gab mir, was ich in keinem Klassenzimmer hätte lernen können: das Herz und den Willen, Erkenntnis zu erlangen. Ich wünsche mir, daß unsere jungen Menschen auf die Suche nach der Wahrheit gehen, nach jener Wahrheit, die die Natur allen gibt, die sich ehrlich darum bemühen. Viele gebildete Menschen verstehen sehr wenig von der Schöpfung des Großen Geistes und ihren Wundern, während viele ungebildete Menschen dieses Verständnis besitzen. Ich ging auf keine eurer höheren Schulen, und doch besuchte ich die beste Universität, die es gibt, die große Universität draußen in der Natur.

Tatanga Mani

TROTZ SEINER KLUGHEIT und Erfindungsgabe fehlt dem Weißen etwas sehr Wichtiges. Er hat den Zugang zu seinem Schöpfer verloren. Wir Indianer besitzen noch immer Ehrfurcht vor dem Großen Geist und gehorchen seinen Gesetzen auch in dieser veränderten Welt.

David Kindle

David Kindle, ein Navajo aus New Mexico, nahm 1968 in Denver, Colorado, an einer Konferenz teil, die vom New Yorker Myrin-Institut für Erwachsenenbildung veranstaltet wurde. Ziel dieses Treffens war es, durch Gespräche über Fragen der Erziehung und Tradition größeres gegenseitiges Verständnis zwischen Indianern und Weißen zu wecken.

ALLEN LEBEWESEN ist eine Kraft zu eigen – sogar einer winzigen Ameise, einem Schmetterling, einem Baum, einer Blume, einem Stein –, denn der Große Geist wohnt in jedem von ihnen. Die moderne Lebensart der Weißen hält diese Kraft von uns fern, schwächt sie ab. Um der Natur nahe zu kommen, sich von ihr helfen zu lassen, dazu braucht es Zeit und Geduld. Zeit, um nachzudenken und zu verstehen. Ihr habt so wenig Zeit zum Betrachten und Verweilen; immer seid ihr in Eile, immer gehetzt, immer gejagt. Diese Rastlosigkeit und Plackerei macht die Menschen arm.

Pete Catches

Pete Catches war ein Medizinmann der Sioux, ein Freund Lame Deers. Als Richard Erdoes mit Lame Deer eine Reihe von Gesprächen führte, um seine Lebensgeschichte aufzuzeichnen, war Pete Catches als Zuhörer dabei und meldete sich auch manchmal zu Wort.

MEINE GESCHICHTSSTUNDE

Als kleines Mädchen fragte ich meinen Großvater,
was denn der rote Mann getan habe,
daß ihn der weiße Mann so hasse.

Mein Großvater antwortete, der rote Mann
sei in allem so rückständig gewesen:
Er habe sich vom Büffel genährt,
statt ihn zum Vergnügen abzuschießen.
Er habe sich an der Sonne orientiert,
statt auf eine Uhr zu schauen.
Er habe jenen Menschen für reich gehalten,
der viel hergab,
und nicht den, der viel besaß.
Er sei überzeugt gewesen, ein Mensch würde im Alter
weise statt nutzlos und schwach.
Sogar die Männer hätten ihr Haar lang getragen
und es geschmückt,
statt es kurz zu schneiden wie ein feiner Herr.
Der rote Mann habe den Fortschritt aufgehalten,
sagte mein Großvater.
Darum war es notwendig, ihn zu töten,
auch wenn er selbst kein Gewehr hatte,
und die Übriggebliebenen umzuerziehen
in den Reservationen der Regierung.
Schließlich
hatte der rote Mann hier nichts zu suchen.
Wir alle wissen doch, daß Kolumbus
Amerika entdeckt hat,
nicht wahr, Liebling?

Bonnie J. Silva

Bonnie J. Silva veröffentlichte diese kritischen Gedanken in der indianischen Zeitung „Eagle Wing Press". In den staatlichen Schulen erfuhren und erfahren die indianischen Kinder meist nichts von ihrer eigenen Vergangenheit. Die Geschichte Amerikas begann für die Weißen mit dem Jahr 1492. Bei Prüfungen mußten die Schüler auf die Frage, wer Amerika entdeckt habe, mit „Kolumbus" antworten, berichtet Francis La Flesche.

DER FRIEDHOF MEINES STAMMES

Ich lege meine Hand
auf die kühle, glatte Oberfläche
des weißen Grabsteins,
meine Finger gleiten über die Worte
der Inschrift,
und von neuem lese ich:
den Namen meines Vaters,
sein Geburtsjahr,
das Jahr seines Todes
und daß er ein Veteran
des Ersten Weltkriegs war.

„Das ist das Grab
eures Großvaters",
sage ich zu meinen Kindern
und wünsche mir dabei,
ich könnte ihnen erklären,
und sie würden verstehen,
daß dieser Mann
– mein Vater –
zur ersten Generation gehörte,
die im Land der Ahnen geboren wurde,
nachdem es kurz zuvor
zu einer Reservation gemacht worden war;
daß er mit zwölf
die Missionsschule besuchte,
wo er lernte, Schuhe zu tragen,
mit Messer und Gabel zu essen,
den katholischen Gott zu verehren,
wo er sich abmühte,
englische Worte zu lernen,
englische Bedeutungen,
englische Denkweisen,
englische Worte,
um englisch zu sprechen,
zu denken,
zu schreiben,
englische Worte,
wo doch wir,
meine Kinder und ich,
keine anderen Worte mehr kennen.

Ich lege meine Hand
auf den kühlen weißen Grabstein,
meine vierjährige Tochter
sammelt kleine Steine auf,
steckt sie in die Hosentaschen,
singt im Gehen vor sich hin.

Mein Sohn
– er ist zehn –
bleibt eine Weile bei mir
am Grab meines Vaters,
befragt mich
über meine Kindheit,
über die anderen,

die hier begraben liegen
und deren Gräber
den Namen unsrer Familie tragen.
Dann läßt er mich stehn
und wandert langsam
über den Friedhof,
sucht auf den Steinen
nach ausgefallenen Namen,
nach Menschen, die hundert wurden
oder älter –
fünf hat er gefunden.

Janet Campbell Hale

Janet Campbell Hale aus der Coeur d'Alene-Reservation wurde 1946 geboren und studierte an der Universität von Kalifornien. Sie schreibt Romane und Gedichte.

Das Wiederaufleben des indianischen Geistes und der alten Traditionen führt regelmäßig zu Zusammenkünften von Indianern vieler Völker. Diese „North American Indian Unity Convention" fand im Jahr 1970 im „Land der Tulalip" (Bundesstaat Washington) statt. „Schildkröteninsel" ist die alte indianische Bezeichnung für Nordamerika. In den alten Mythen wird erzählt, daß die Schildkröte, als die Erde erschaffen wurde, das Land auf ihrem Rücken trug.

SCHILDKRÖTENINSEL

Während Autokolonnen die Straßen der Städte verstopfen und Auspuffgase die Luft verpesten, folgen die vier Winde immer noch dem Weg, den ihnen der Große Geist gewiesen hat,

Und während Bulldozer unsere Mutter Erde schänden und Holzarbeiter unsere Wälder fällen, folgt die Natur immer noch dem Weg, den ihr der Große Geist gewiesen hat,

Und während man Staudämme baut, die die Fische an der Rückkehr zu ihren Laichplätzen hindern, kämpfen die Fische noch immer darum, der Weisung des Großen Geistes zu folgen,

Und während Fabriken und Industrieanlagen Wasser, Luft und Land verseuchen und damit das Werk des Großen Geistes zerstören,

Und während die Menschen ihre wahnwitzigen Träume von Macht und Reichtum auf Kosten anderer weiterträumen und ihre eigenen Brüder ausbeuten, was der Große Geist niemals gewollt hat,

Und während die Sonne die Blätter der Bäume versengte, das Präriegras gelb wurde und der Wasserspiegel vieler Flüsse und Seen auf unserem Kontinent, der Schildkröteninsel, sank,

Im Monat Juli, während Menschen vor der Sommerhitze Kühlung im Wasser suchten,

Versammelten wir uns,

Apachen, Cheyenne, Hopi, Sioux, Maya, Puyallup und Nisqually, vereint wie Adler und Himmel,

Tulalip, Eskimo, Umatilla, Pomo, Klamath, Coeur d'Alene und Quinault,
als Kinder des Großen Geistes
kamen wir zusammen, den vier Winden gleich,
Walla Walla, Shoshonen, Blackfoot, Paiute, Potawatomi, Mohawk und Lumbee,
als Brüder und Schwestern versammelten wir uns,
vereint wie die Natur eins ist,
Pitt River, Suswap, Cherokee, Muckleshoot, Snoqualmie, Yakima und Tuscarora,
um gemeinsam den Kreis zu bilden,
den heiligen Ring aller indianischen Völker.
Sauk und Fox, Omaha, Mescalero, Pima, Onondaga, Iowa, Nootka, Salish, Quechan, Pueblo, Hoopa, Wintu, Algonquin, Seneca und Cree,
wir kamen, um einander zu hören
und zueinander zu sprechen,
Shusap, Lummi, Tlingit, Penobscot, Comanchen, Montagnais und Stilliguamish,
hier, im fernen Land des Nordwestens,
an der Küste des Großen Wassers,
kamen wir zusammen als Gäste des Tulalip-Volkes.
Im Langhaus der Tulalip hielten wir Rat;
Kiowa, Warm Springs, Canada Blackfoot und Cree, Samish, Chippewa, Duwamish und Shawnee,
Wir hielten Rat und hörten die Ältesten vieler Stämme reden,
Wir hörten die Prophezeiungen unserer Weisen, die den Weg des Großen Geistes nie verlassen haben, und teilten miteinander alles, was uns verbindet,

Wir, die Menschen dieses Landes, die wahren Kinder unserer Mutter Erde, weil wir selber dieses Land sind,
Wir kamen, um voneinander zu lernen und das Leid unserer Völker ans Licht zu bringen,
Da unsere Mutter Erde zerstört und vergiftet wird und der Große Geist zornig ist über all die Verschwendung und Gier,
Wir kamen zusammen, nicht um zu klagen über heute und gestern, sondern weil wir für unsere Kinder eine bessere Zukunft planen und auch schaffen wollen,
Wir kamen zusammen als Hüter unseres Kontinents, der Schildkröteninsel, wir trafen uns, um Kraft zu sammeln und neuen Mut zu fassen angesichts all dessen, was unser Zeitalter bedroht.

North American Indian Unity Convention

Dieser Text wurde von einer Schülerin der „Akwesasne Freedom School" der Mohawk geschrieben. Die Mohawk spielen eine wichtige Rolle in der neuen indianischen Bewegung; sie geben auch die Zeitschrift „Akwesasne Notes" heraus, die Anliegen aller Indianervölker, auch jener in Südamerika, vertritt (Akwesasne: „Wo das Rebhuhn balzt").

WER EIN WIRKLICHER INDIANER SEIN WILL, muß alles Lebendige auf dieser Erde achten, auch den Himmel, den Mond, die Sonne, die Sterne und was sonst am Himmel ist. Wenn jemand in sein Haus kommt, der arm ist, soll er ihm Essen und Kleidung und Unterkunft geben. So sollte ein Indianer handeln, der die alten Gesetze befolgt.

Kim Bush Katsitsiosta (She makes beautiful flowers), 12 Jahre

Jolena Chavez besuchte die indianische Schule „Twin Buttes Highschool“ im Pueblo Zuni (New Mexico). Die neuen, von Indianern gegründeten Schulen haben das Ziel, die Kinder nicht wie in den staatlichen Schulen zu „weißen Amerikanern“ umzuerziehen (und so ihre Identität zu zerstören), sondern ihr Selbstbewußtsein als Indianer zu stärken.

Kiva: soziales und religiöses Zentrum der Pueblo-Indianer; ein Raum mit kreisförmigem oder rechteckigem Grundriß, ganz oder teilweise unter der Erde, durch eine Luke im Dach mit einer Leiter zugänglich. „Kiva“ ist ein Wort aus der Hopi-Sprache.

HIER BIN ICH, IN ZUNI

Ich sehe den heiligen Berg
Mir scheint unser Dorf
wird ständig größer und moderner
Ich wüßte gerne
ob morgen
dieser Ort noch heilig sein wird
und ob die Leute hier
dann immer noch
an die alten Geschichten glauben
Hier sitze ich
auf einem Felsen und denke nach
über die Zukunft
Ich sehe Männer mit
schwarzen Umhangtüchern
in die Kivas hinuntersteigen
Ich frage mich
was da geschieht
Ich denke etwas Heiliges
etwas sehr Heiliges

Jolena Chavez

BEHANDLE ALLE MENSCHEN, ALS WÄREN SIE MIT DIR VERWANDT

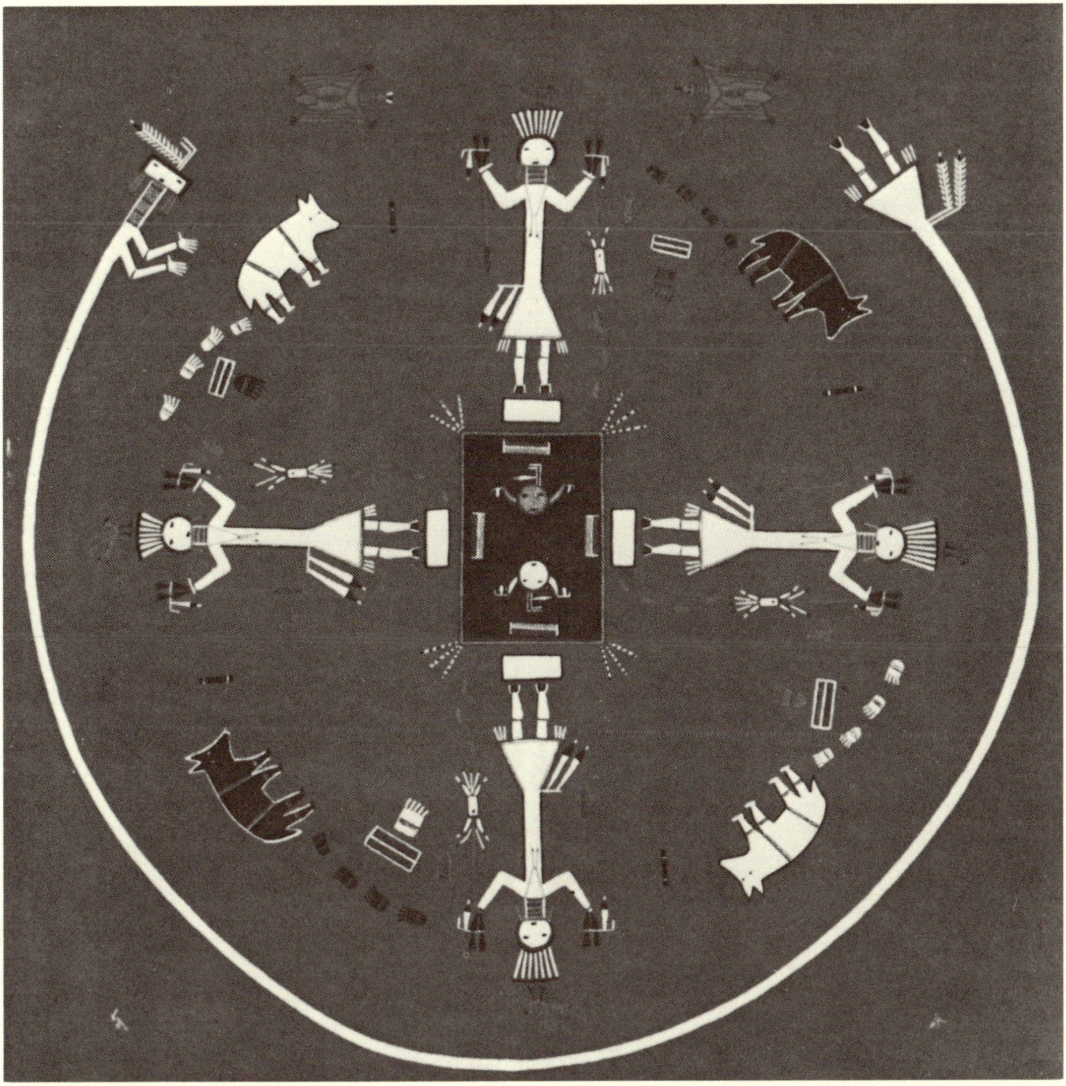

Hehaka Sapa sah die „sechs Großväter“ (die sechs Mächte der Welt: die vier Himmelsrichtungen sowie Himmel und Erde) in seiner ersten, großen Vision. Er erhielt Zutritt zu ihnen im „Regenbogenzelt“ über den Wolken, wo diese ehrfurchtgebietenden Mittlerwesen zwischen den Menschen und Wakan-Tanka, dem „Großen Geheimnis“, ihn vielerlei lehrten.
Die oft verwendete Bezeichnung „Großer Geist“ (nach dem Algonkin-Wort „Kitche Manitou“) wurde von den einwandernden Europäern übernommen und auf alle Indianervölker ausgeweitet.

DIE SECHS GROSSVÄTER haben viele Geschöpfe in diese Welt gesetzt, und alle sollen glücklich sein. Jedes Wesen, jedes kleine Etwas erfüllt einen bestimmten Zweck, und es soll glücklich sein und die Kraft besitzen, glücklich zu machen. Wie die Gräser auf einer Wiese sich einander freundlich zuneigen, so sollen auch wir es tun, denn die Großväter der Welt haben es so gewollt.

Hehaka Sapa

Dr. Beryl Blue Spruce, eine Pueblo-Indianerin, ist Ärztin im Bundesstaat Michigan. Die indianischen Werte decken sich nicht mit jenen des „American way of life“.

„WIE GLÜCKLICH BIN ICH?“ Das ist für uns die wichtigste Frage im Leben. Für einen Indianer hängt Erfolg nicht davon ab, wieviel er verdient oder welche gesellschaftliche Stellung er einnimmt – sondern einzig und allein davon, wie glücklich er ist.

Beryl Blue Spruce

BEI DEN LAKOTA BESASSEN ALLE, ob sie stark oder schwach waren, die gleichen menschlichen Rechte. Jeder war verpflichtet, das Recht des anderen auf Kleidung und Nahrung zu respektieren und dafür zu sorgen, daß keiner benachteiligt war. Das war so selbstverständlich, wie der Sonnenschein, die reine Luft und der Regen allen gemeinsam gehörten.

Alles, was wir zum Leben brauchten, gab uns die Natur, und sie war unerschöpflich; Dinge zu horten und anzuhäufen, wäre sinnlos gewesen. Der Natur allein verdankten wir unsere Kraft und Stärke, und vor dem Einfluß der Weißen hätte kein Lakota daran gedacht, über andere zu herrschen und dadurch Macht zu gewinnen. Keiner war dem anderen untertan, aber jeder versuchte sich selbst zu beherrschen – Mütter, Väter, Schwestern, Brüder, alle ordneten sich freiwillig dem Wohl der Gemeinschaft unter. Und weil wir dieses Gesetz anerkannten, blieb keiner von uns je schutzlos oder ohne Hilfe. Aus diesem Grund gab es in der Gemeinschaft der Lakota weder Hungernde noch Übersatte, weder Kriecher noch Hochmütige, keine Gefängnisse, keine Richter, keine Armenhäuser, keine Bordelle und keine Waisenanstalten.

Luther Standing Bear

LIEBESLIED

Ein Tauchervogel!
So dachte ich.
Doch es war der Ruderschlag
meines Geliebten.

Lied einer Chippewa

Das Gedicht spielt auf das Geräusch eines aus dem Wasser auftauchenden Tauchervogels an, das man leicht mit dem eines Ruderschlages verwechseln kann. Der Tauchervogel (amerikanisch „loon") ist imstande, große Strecken unter Wasser zurückzulegen.
In Form und Atmosphäre erinnert das Gedicht an ein japanisches Haiku.

LIED AUS DER MÄDCHENWEIHE

Du hast deinen Weg begonnen auf der guten Erde;
du hast deinen Weg begonnen in guten Mokassins;
mit Mokassinbändern aus Regenbogenlicht
hast du deinen Weg begonnen.
Mit Mokassinbändern aus Sonnenstrahlen
hast du deinen Weg begonnen.
Inmitten der Fülle hast du deinen Weg begonnen.

Zeremonialgesang der Chiricahua-Apachen

Die Mädchenweihe der Chiricahua-Apachen ist eine feierliche Zeremonie, in der ein langes Leben für die zur Pubertät herangewachsenen Mädchen erbeten wird. Um dieses Ziel zu erreichen, werden rituelle Lieder gesungen, die das Mädchen auf symbolische Weise durch ein langes und glückliches Leben führen. Die Feier dauert vier Nächte und endet bei Sonnenaufgang des fünften Tages mit dem Lied, das hier abgedruckt ist.

Das Land der Apachen lag im Südwesten Nordamerikas, in New Mexico und Arizona; sie waren Nomaden, Jäger und Sammler von Wildfrüchten. Vierzig Jahre kämpften sie um ihre Heimat und Unabhängigkeit, bis sie sich der Übermacht der amerikanischen Armee geschlagen geben mußten. Einer ihrer berühmtesten Häuptlinge war Cochise, ein Chiricahua, der mit nur zweihundert Kriegern die Armee der Vereinigten Staaten zehn Jahre hindurch in Schach hielt.

SLIM MAN CANYON

für John, Mai 1972

Vor 700 Jahren
lebten hier Menschen
floß hier sanft das Wasser
und die Sonne wärmte die Kürbisblüten.
Es war vor 700 Jahren
ich erinnere mich
da waren sie
tief unten in diesem Canyon
die Sandsteinwände ragten
über ihnen auf.
Der Fels, die Stille, der hohe Himmel
und das fließende Wasser
das Sonnenlicht in den Pappelblättern
der Duft der Weidenbäume im Wind
vor 700 Jahren.
Der Rhythmus,
die kraftvolle Bewegung der Pferde
durch tiefen hellen Sand.
Dort, wo ich herkomme, ist es auch so
die Wärme, der Duft und die Stille.
Blauer Himmel und in der Ferne Regenwolken
wir reiten miteinander
vorbei an den Felsen, die Geschichten erzählen
auf Stein gemalte Lieder ...
Es war ein Mann, der liebte eine Frau
vor siebenhundert Jahren.

Leslie Marmon Silko

Das neuerwachte Interesse auch „weißer“ Organisationen an der traditionellen indianischen Kultur dokumentiert sich z.B. in einer vom New Yorker Myrin-Institut veranstalteten Konferenz über indianische Erziehungsmethoden, auf der Henry Old Coyote über die Wiegenlieder seines Volkes sprach.

DIE WIEGENLIEDER MEINES VOLKES wurden von Generation zu Generation überliefert. Wir singen sie heute noch. Viele dieser Lieder erzählen davon, wie zärtlich Tiereltern für ihre Jungen sorgen; andere erzählen, woher unser Volk kommt und von den Orten, an denen wir lebten. Mit diesen Liedern wollen wir unsere Kinder vor allem eines lehren – Ehrfurcht. Ehrfurcht und Achtung vor ihren Mitgeschöpfen. Erst wenn sie gelernt haben, andere zu achten, werden sie sich selber achten; durch diese Selbstachtung aber gewinnen sie auch den Respekt der anderen. Selbstachtung ist eine jener Eigenschaften, die meinem Volk wichtig sind und die wir unterstützen und pflegen. Ohne Selbstachtung kann der Mensch nicht leben.

Henry Old Coyote

Victor Sarracino ist ein langjähriges gewähltes Mitglied des Stammesrates der Laguna-Pueblo-Indianer, die in New Mexico leben.

WENN EIN KIND GEBOREN WIRD, bedeutet das eine Neuorientierung der gesamten Familie. Das Kind ist nun ihr Mittelpunkt. Wir sagen: „Hier ist ein Neugeborenes, das unsere ganze Aufmerksamkeit braucht.“

Victor Sarracino

WIEGENLIED

Mein kleines Mädchen
kam auf die Welt, um
wilde Rosen zu pflücken.
Kam auf die Welt, um
mit seinen kleinen Fingern
den wilden Reis
von den Rispen zu schütteln.
Um den Saft junger
Schierlingstannen zu sammeln
im Frühling. Dieses Mädchen-
kind kam auf die Welt,
um Erdbeeren zu sammeln,
Körbchen mit Blaubeeren,
Holunderbeeren
und Büffelbeeren zu füllen.
Mein kleines Mädchen
kam auf die Welt, um
wilde Rosen zu pflücken.

Lied der Tsimshian

Die Tsimshian leben an der Nordwestküste Kanadas und sind berühmt für ihre Kunst: Holzskulpturen („Totempfähle"), Drama, Lyrik und Musik. Für jede Gelegenheit gab es eigene Lieder. Wiegenlieder waren Eigentum bestimmter Familien und wurden von Generation zu Generation weitergereicht. Brian Swann hat viele der alten Texte – auch dieses Lied – neu übertragen.

WAS ICH IHM SAGE

Ich gehe mit meinem Sohn ins Freie
und zeige ihm einen Baum,
lasse ihn die Blätter berühren,
das ist ein Blatt, sieh her,
es ist grün, es hat Adern,
so ist es geformt,
greif's an.
Er berührt das Blatt,
und der Zweig zittert mit,
dicke Händchen greifen
ungestüm und zärtlich
nach dem, was ich ihm zeige.
Ich lasse ihn barfuß
auf dem Boden stehn, diese Erde
spüren, braune Erde und Kiesel,
festen Lehm, Samen haben es schwer,
darin Wurzel zu fassen, erst Sand
und Blätter, Zweige und Dünger
machen den Boden fruchtbar.
Das alles sage ich ihm.

Simon J. Ortiz

NIE WURDE DEN KINDERN DER LAKOTA für gutes Lernen eine Belohnung versprochen. Kein Kind wurde mit Geld zu einer Leistung verlockt oder für seine Mühe mit einem Preis ausgezeichnet. Nie sagte jemand: „Wenn du deine Sache gut machst, Kind, dann bezahle ich dich dafür." Der Fortschritt im Wissen und Können war Lohn genug.
Mein Vater benutzte die gleiche Methode wie meine Mutter, wenn er mir etwas beibringen wollte. Er sagte nicht: „Du mußt dies oder jenes tun." Aber während er selbst eine Arbeit verrichtete, sagte er oft: „Eines Tages, Sohn, wirst du ein Mann sein und es genauso machen." Wenn er in den Wald ging und einen biegsamen Ast suchte, um daraus einen Bogen zu machen, oder gegabelte Zweige für einen Sattel, dann ging ich mit. Bei allem, was er tat, stand ich neben ihm, still und aufmerksam, und sah zu.

Luther Standing Bear

In seinem Buch „Land of the Spotted Eagle" beschreibt Luther Standing Bear auch die praxisbezogene Erziehung der Lakota, denen unsere meist von „außen" kommende Motivierung, wie Belohnungen und Noten, fremd ist.
Lakota nannten sich die westlichen Stämme der Sioux, während die übrigen das Wort „Dakota" verwendeten.

WIR GLAUBEN, DASS DIE LIEBE ZUM BESITZ eine Schwäche ist, die man überwinden muß, und daß jemand, der zu sehr an materiellen Werten hängt, seine innere Harmonie gefährdet. Aus diesem Grund werden Kinder schon früh zur Freigebigkeit ermuntert. Das öffentliche Verteilen von Geschenken ist mit jeder wichtigen Zeremonie verbunden und spielt eine große Rolle, wenn ein Kind geboren wird, bei jeder Hochzeits- und Totenfeier und wann immer wir einem Menschen oder einem Ereignis besondere Ehre erweisen. Bei solchen Gelegenheiten ist es üblich, seine ganze Habe auszuteilen. Der Indianer gibt einfach alles, was er besitzt. Er verschenkt es an Verwandte, an Gäste aus einem anderen Stamm oder einer anderen Sippe, vor allem aber an die Armen und Alten, von denen er keine Gegengabe zurückerwarten kann.

Ohiyesa

Ohiyesa war ein Vermittler zwischen den zwei Kulturen und wurde von beiden akzeptiert. Er war der erfolgreichste indianische Autor seiner Zeit und versuchte, den Weißen Wert und Würde der Lebensart seines Volkes bewußt zu machen.

BEHANDLE ALLE MENSCHEN, als wären sie mit dir verwandt.

Sprichwort der Navajo

Die Navajo sind Verwandte der Apachen; sie selbst nennen sich Diné („Menschen“). Ursprünglich im Norden Amerikas beheimatet, zogen sie vor etwa 900 Jahren nach Südwesten. Von ihren Nachbarvölkern übernahmen sie viele Fertigkeiten, sie lernten das Weben und die Erzeugung ihres heute weltbekannten Silberschmucks und entwickelten einen fast mystischen Sinn für Schönheit und Harmonie. 1868 wurden sie nach verzweifeltem Kampf von den amerikanischen Truppen besiegt und aus der Heimat vertrieben. Heute leben sie wieder in ihrem alten Gebiet, in der größten Reservation Nordamerikas.

MÄNNER WURDEN IHRER VERDIENSTE wegen in den Stammesrat berufen. Ein Mann mochte arm sein, nur wenige Pferde besitzen, in einem kleinen Zelt wohnen und dennoch seinen Sitz im Stammesrat haben. Reichtum allein verhalf niemandem zu Macht und Einfluß. Hatte ein Mann noch so viele Pferde, einen Platz unter den Weisen konnte er sich damit nicht erkaufen.

Luther Standing Bear

In seinen Büchern beschreibt Standing Bear die hochstehende traditionelle Kultur der Lakota, seines Volkes. Respekt und gegenseitige Achtung waren Grundkonstanten indianischen Lebens. Als Luther Standing Bear 1931 nach jahrelanger Abwesenheit in die Rosebud Reservation zurückkehrte, erlebte er einen bitteren Kontrast zu den Erfahrungen seiner Kinderzeit. „Die Vernichtung meines Volkes geht weiter", schreibt er. „Jede Eigeninitiative ist verlorengegangen, Junge und Alte sind fügsam bis zur Unterwürfigkeit geworden. Das System hat sie zu Schatten ihrer selbst gemacht."

ALTE MENSCHEN genossen wegen ihrer Lebenserfahrung großes Ansehen und wurden nie als nutzlos beiseite geschoben. Kinder waren ihren Eltern eng verbunden, und so kam es, daß alte Menschen bis zu ihrem Tod umsorgt und geachtet wurden. Sie hatten niemals Grund, sich unnütz oder unerwünscht zu fühlen, denn es gab Aufgaben, die nur von den Alten ausgeführt wurden, und die jungen Leute wurden dazu angehalten, den Älteren stets mit Respekt zu begegnen.

Luther Standing Bear

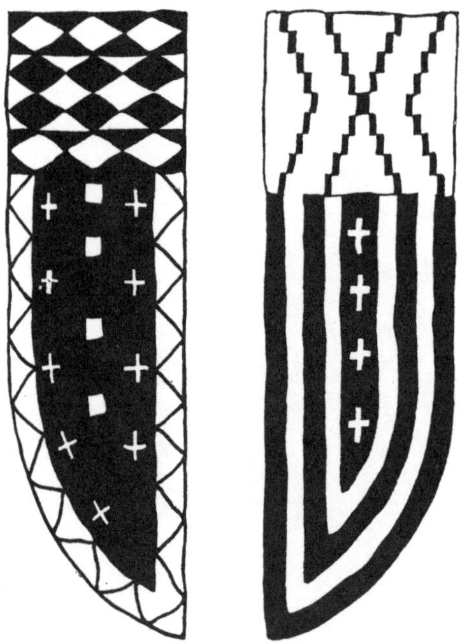

GROSSMUTTER

sähe ich in der ferne
eine meile weit weg
ihre gestalt
ich wüßte sofort
wer es ist.
der purpurfarbene schal
und die plastik-
einkaufstasche.
spürte ich
hände auf meinem kopf
wüßte ich sogleich
daß es ihre hände sind
warm und feucht
mit dem geruch
nach wurzeln.
hörte ich
eine stimme
von einem felsen her
würde ich sie erkennen
und ihre worte
in mir aufnehmen
wie den schein
eines herabgebrannten
feuers in der nacht
in dessen asche
jemand stochert.

Ray A. Young Bear

Das Gedicht „Großmutter" hat Ray A. Young Bear vom Volk der Sauk und Fox geschrieben. Er wurde 1950 geboren.

DIE REGIERUNGSFORM unserer Vorfahren war demokratisch. Unser Sachem wurde vom Volk gewählt; seine Aufgabe war es, die Menschen weise zu leiten, und solange sein Verhalten dem Amt eines Sachem entsprach, waren ihm alle gehorsam.
In unseren Augen ist der Sachem wie ein mächtiger Baum, in dessen Schatten das ganze Volk sitzt. Es ist seine Pflicht, Frieden und Glück zu fördern und Tag und Nacht an das Wohl seines Volkes zu denken. Für seine Dienste erhält der Sachem kein Gehalt; es wäre eine Schande gewesen, dafür Lohn zu verlangen. Alles, was er für sein Volk tut, muß aus Freundschaft und gutem Willen geschehen.

Hendrick Aupaumut

Hendrick Aupaumut (ca. 1757–1830) war ein Mohigan. Im amerikanischen Unabhängigkeitskrieg diente er als Scout (Späher) auf der Seite der aufständischen Armee. Später warnte er in seiner Eigenschaft als Sachem des Stockbridge-Stammes seine Leute vor dem schädlichen Einfluß der weißen Grenzsiedler.
Sachem: der Friedenshäuptling jeder größeren Siedlung; ihm unterstanden die anderen Führer, auch die Kriegshäuptlinge. Bei den Irokesen wurde ein Sachem immer von Frauen, den „Klanmüttern", gewählt. Alle Sachems zusammen bildeten den Stammesrat, die höchste „Behörde".

FREUNDSCHAFT MIT DER ERDE

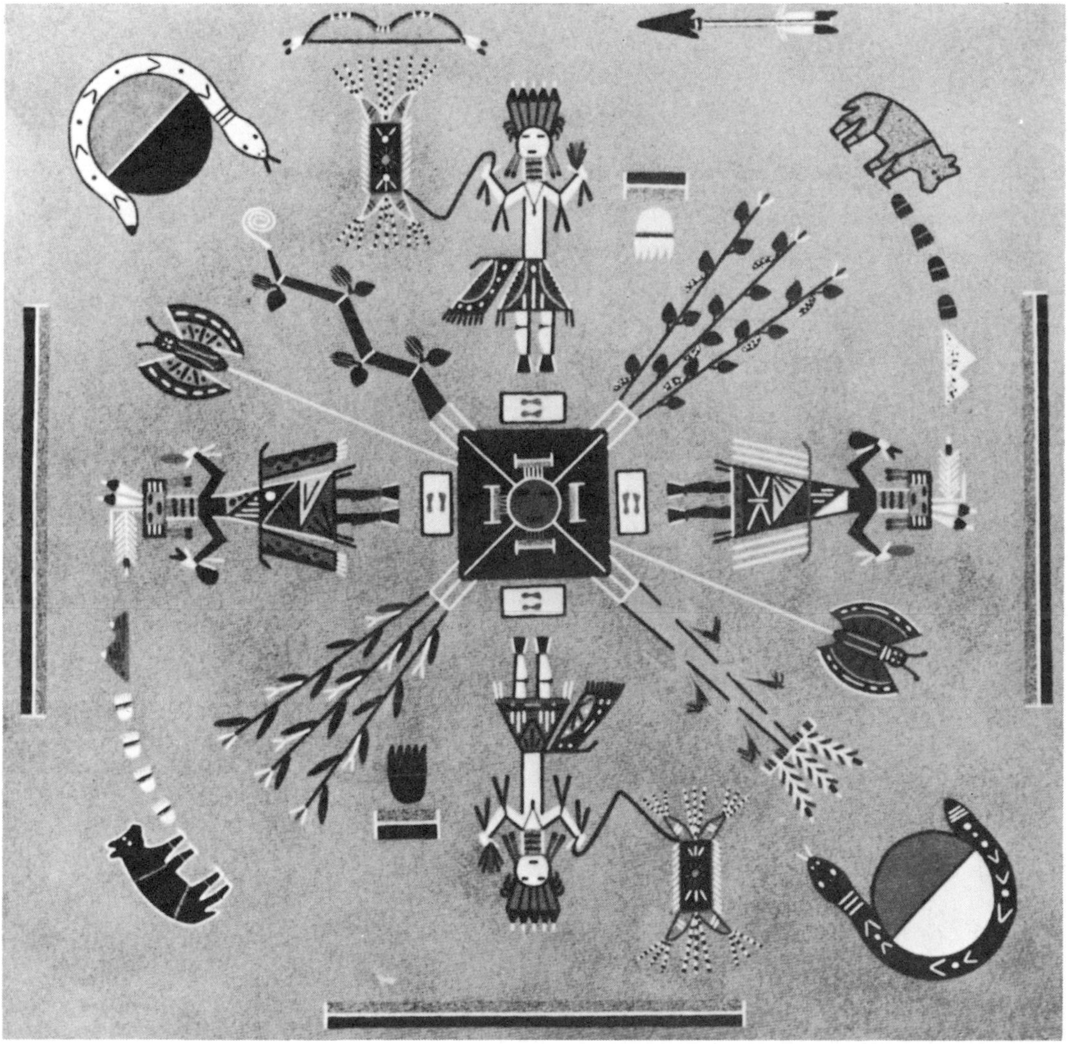

N. Scott Momaday, ein Cherokee/Kiowa, wurde 1934 geboren und ist einer der meistgelesenen indianischen Autoren der Gegenwart. Für seinen später verfilmten Roman „House Made of Dawn“ wurde er 1969 mit dem Pulitzerpreis ausgezeichnet. Er ist Universitätsprofessor für Englisch und vergleichende Literaturwissenschaft.
Tsoai-Talee: „Felsenbaumjunge“ („Rock-tree Boy“), Momadays indianischer Name.
Tsen-tainte: „White Horse“.

DAS FREUDENLIED DES TSOAI-TALEE

Ich bin eine Feder am hellen Himmel
Ich bin das blaue Pferd, das über die Prärie läuft
Ich bin der Fisch, der funkelnd im Wasser schwimmt
Ich bin der Schatten, der einem Kind folgt
Ich bin das Abendlicht auf den Wiesen
Ich bin ein Adler, der mit dem Wind spielt
Ich bin eine Handvoll bunter Perlen
Ich bin der fernste Stern
Ich bin die Morgenkühle
Ich bin das Rauschen des Regens
Ich bin das Glitzern auf harschigem Schnee
Ich bin der Pfad des Mondes auf dem Wasser
Ich bin eine vierfärbige Flamme
Ich bin ein Hirsch, der fern in der Dämmerung steht
Ich bin ein Feld voll Sumach und Prärierüben
Ich bin der Keil ziehender Gänse am Winterhimmel
Ich bin der Hunger des jungen Wolfes
Ich bin der Traum, der all dies umschließt

Sieh, ich lebe, ich lebe
Ich habe Freundschaft mit der Erde geschlossen
Ich habe Freundschaft mit den Göttern geschlossen
Ich habe Freundschaft geschlossen mit allem,
was schön ist
Ich habe Freundschaft geschlossen
mit der Tochter des Tsen-tainte
Sieh, ich lebe, ich lebe

N. Scott Momaday

TRAUMLIED

Hoch am Himmel
bin ich unterwegs,
ein Vogel
an meiner Seite.

Lied eines Chippewa

DIE EULE SPRICHT

Vor meinen Augen
färbt sich der Abend rot.
Ich fliege aus und schreie
viermal.

Lied der Papago

Francis Densmore, eine Autorität auf dem Gebiet der Musik der Chippewa, sagt, daß Liedern – und besonders „geträumten" Liedern wie diesem – eine starke geistige Kraft zugeschrieben wird. Das Übernatürliche ist für den Indianer eine greifbare Wirklichkeit, mit der er durch Fasten und körperliche Entbehrung in Kontakt zu treten sucht. Dabei spielen Lieder eine große Rolle. Werden sie später von neuem gesungen, so soll die ursprüngliche Situation, der Kontakt mit dem Übernatürlichen, wieder wachgerufen werden.

Die Papago sind für ihre „poetischen" Gedichte bekannt. Ihre Ehrfurcht vor Tieren ist groß. Jedem Tier wird ein Lied zugeschrieben, das, wie das Tier selbst, magische Kräfte besitzt. Die Zahl vier hat im indianischen Leben besondere Bedeutung.

Joseph Bruchac wurde 1942 geboren; väterlicherseits stammt er von slowakischen Einwanderern ab, seine Mutter war eine Abenaki. Bruchac hat sich als Lyriker, Erzähler, Sammler von „folk-tales“ und Herausgeber einen Namen gemacht. Er lebt mit seiner Familie im Staat New York.
Die Sonne ist im indianischen Denken ebenso wie Himmel, Erde, Felsen, Mond, Wind usw. eine Manifestation des einen Höchsten Wesens, des Weltenschöpfers. Die eingewanderten Europäer mißverstanden diesen Wesenszug indianischer Religiosität oft als Götzendienst.

MORGENLIED

Mein Großvater stand immer mit der Sonne auf.
Sie war sein ältester Freund.

Die Vordertür des Krämerladens, den er führte,
ging nach Osten hinaus, und dort saß er
in seinem blaugestrichenen Sessel aus Föhrenholz,
geschnitten in seinen eigenen Wäldern,
und wartete, bis die ersten Sonnenstrahlen
sein Gesicht berührten.

Mit der höhersteigenden Sonne wuchs seine Kraft,
seine Hände bewegten sich
wie im Nachtfrost erstarrte Grillen,
die im morgendlichen Gras
wieder zum Leben erwachen.

Dann, bevor er sein langes Tagwerk begann,
hob er die Hände und hielt sie hoch,
bis sie die Stille umfaßten – so begrüßte er den Tag.

Joseph Bruchac

DIE HEITERKEIT DER STEINE

Simon J. Ortiz ist ein Acoma-Pueblo-Indianer. – Der Türkis, der grünblaue heilige Stein der Navajo, wird von diesem Volk für seinen berühmten Silberschmuck verwendet.

Ich halte diesen Türkis
in meinen Händen.
Meine Hände halten den Himmel
in diesem kleinen Stein.
An seinem Rand
sitzt eine Wolke.
Die Welt ist irgendwo darunter.

Ich drehe den Stein, und der Himmel wird größer.
Das ist die heitere Ruhe, die Steinen zu eigen sein kann,
hier fühle ich, wohin ich gehöre.
Ich bin glücklich mit diesem Himmel
in meinen Händen, in meinen Augen, in mir.

Simon J. Ortiz

GEBURT EINES FOHLENS

Als wir auf die Weide kommen,
rupft sie noch immer
die Blütenköpfe gelber Blumen,
die Nüstern goldbestäubt
von Pollen. Lady,
ihr Bauch ist angeschwollen,
die Rippen haben sich geweitet.
Wir warten,
lassen unsre bloßen Füße
in die Pferdetränke baumeln,
in warmes Wasser,
wo Goldfische an unsre
glatten Knöchel streifen.
Wir warten,
während das Fruchtwasser
an Ladys dunklen Beinen
herabrinnt
und das schlüpfrignasse Fohlen
wie eine schwarze Kaulquappe
aus ihr hervorbricht
und sofort
die Beine ausstreckt.
Sie leckt es, hilft ihm aufstehn,
das Fruchthäutchen ist noch da,
rot,
durchscheinend,
die aufgehende Sonne durchleuchtet es,
der Himmel strahlt morgenhell,

und das Land,
von Maispollen überweht,
das Land, dem wir immer angehören werden,
überall ist es rot.

Linda Hogan

Linda Hogan wurde 1947 geboren. Als Kind erzählten ihr Großeltern und Vater vieles von ihrem Volk, den Chickasaw, und beeinflußten damit wesentlich die spätere Arbeit der Autorin.

TRAUMLIED

Am Bachufer, über der Stelle,
wo die Elritze schläft,
deren Flossen sich sanft im Wasser bewegen,
lassen Blumen ihre Köpfe hängen,
richten sich Blumen wieder auf.

Lied eines Wintu

Weiße Forscher, die um 1900 traditionelle indianische Lieder und Gedichte sammeln wollten, standen vor großen Problemen: In den Regierungsschulen waren diese Lieder verboten, in den Reservationen mußten sie heimlich, hinter dem Rücken der Regierungsbeamten, aufgezeichnet werden. Die gesamte „Indianerpolitik" zielte damals darauf ab, die amerikanischen Ureinwohner möglichst schnell den Weißen anzugleichen, zu „zivilisieren".

VOR LANGER ZEIT
sangen braune Bären
um unsre Lagerfeuer
heute nacht
tanzen sie wieder
in unseren Träumen

William Oandasan

William Oandasan gehört zum Volk der Yuki, die im Küstengebirge des nördlichen Kalifornien leben.

WENN ERQUICKENDES WASSER
unsere Mutter, die Erde, durchtränkt,
wenn der Frühling kommt,
dann legen wir die Maiskörner in die Erde,
den Mais, der uns Leben spendet,
all die verschiedenen Arten.
Das erquickende Wasser ihrer Mutter, der Erde,
erweckt die Körner zu neuem Leben.
Sprießen werden sie und wachsen
im hellen Tageslicht ihres Vaters, der Sonne,
um Regen werden sie bitten
und die Hände in alle vier Richtungen strecken.

Dann
werden die Regenmacher
ihren dunstigen Atem aussenden,
große Wolken voll mit Wasser
werden von fernher zu uns kommen,
mit ausgebreiteten Regenhänden
werden sie den Mais liebkosen,
sie werden herabsteigen, ihn zu umarmen
mit ihrem erfrischenden Wasser,
mit ihrem belebenden Regen.

Und dort, wo die Pfade der Regenmacher münden,
wird der Regen wie ein Sturzbach sein,
Sand und Schlamm mitreißen,
Schluchten in Berge waschen,
Baumstämme in die Täler spülen.
Von allen Bergen wird Wasser strömen,
die Pflanzgruben unserer Mutter, der Erde,
werden von Wasser überquellen.

Daß es so komme,
ist mein Gebet.

Regengebet der Zuni

Die Pueblo-Indianer, zu denen die Zuni gehören, sind im Südwesten der Vereinigten Staaten beheimatet. Sie errichteten ihre Häuser aus getrockneten Lehmziegeln; die Spanier nannten diese Siedlungen Pueblos – „Dörfer, kleine Städte". Mais ist das Hauptnahrungsmittel der Pueblo-Indianer; sie züchteten viele Arten, blauen, gelben und bunten Mais. Im Wüstengebiet lebend, kostet sie der Anbau sehr viel Mühe. Regen ist für die Zuni fast gleichbedeutend mit Leben, und ihre ganze Religion ist auf die Bitte um das lebenspendende Wasser konzentriert.

EINE KLEINE GELBE GRILLE

an den Wurzeln der Maispflanzen,
sie hüpft herum und singt.

Eine kleine gelbe Grille
an den Wurzeln der Kürbispflanzen,
sie hüpft herum und singt.

Lied der Papago

Bei den Papago ist die Pflanzzeit im Regenmonat Juli. Der Boden ist nun weich genug, um kleine Gruben zu machen, in die die Saatkörner gelegt werden. Ist das Feld dann bestellt, kommen die Papago Nacht für Nacht, schreiten um die sprießenden Pflanzen, um das Wachstum von Mais, Kürbissen und Bohnen mit dafür bestimmten rituellen Liedern zu unterstützen.

LIED VON DER ELSTER

Die Elster! Die Elster!
Ihre weißen Flügelfedern
sind die Fußspuren des Morgens.
Es tagt! Es tagt!

Lied der Navajo

Die weißen Deckfedern der Elster blitzen wie die beginnende Morgendämmerung nach der dunklen Nacht.

BIRDFOOTS GROSSVATER

Der alte Mann
hatte unser Auto
wohl schon Dutzende Male angehalten,
um hinauszuklettern
und die kleinen Kröten aufzulesen,
die vom Scheinwerferlicht geblendet
wie lebendige Regentropfen
auf der Straße hüpften.

Regen fiel,
sein weißes Haar leuchtete im Nebel,
und ich sagte immer wieder:
Du kannst sie nicht alle retten,
finde dich ab damit, steig wieder ein,
wir müssen weiter, wir haben ein Ziel.

Er aber, die ledrigen Hände voll
von nassem braunem Leben,
knietief im Sommergras an der
Straßenböschung stehend,
er lächelte nur und sagte:
Auch sie müssen weiter, auch sie
haben ein Ziel.

Joseph Bruchac

ALS WIR DEN SCHLANGENBERG BESTIEGEN

feste Griffe
        für meine Hände suchend
fasse ich in warmen Fels
                und fühle beim Klettern den Berg.

irgendwo   irgendwo hier
    schläft die gelbgefleckte Schlange
                        auf einem Stein
                                in der Sonne.

bitte,
    sage ich zu den andern,
                        paßt auf,
tretet nicht auf die gelbgefleckte Schlange,
                        sie lebt hier.
                            Der Berg gehört ihr.

Leslie Marmon Silko

Leslie Marmon Silko, geboren 1948, wuchs auf der Laguna Pueblo Reservation in New Mexico auf. Sie ist eine brillante Lyrikerin und Prosaautorin und wurde mehrfach ausgezeichnet. Der Kern ihrer Texte ist die Suche nach der eigenen Identität – in ihren Adern fließt indianisches, „weißes" und mexikanisches Blut. Nach Jahren in Alaska lebt Leslie Marmon Silko heute in Tucson, Arizona.

TAUCHERVOGEL AM ZEDERNFLUSS

In einer Nacht, wenn der Himmel
eine einzige Wolke ist
und das Mondlicht die Erde
von Horizont zu Horizont versilbert

dann schau über das Wasser
wo der Berg und die Konturen der Bäume
an seinem Fuß sich spiegeln
im weiten stillen Strom
des Zedernflusses

die Flügel der Fledermäuse
kleine flinke Fächer
öffnen und schließen sich
umarmen den Wind
und das Leben, das er trägt

die Stille ist so tief
daß du hörst, wie das
Funkeln eines Leuchtkäfers
über dem reglosen Wasser tanzt

du hast Zeit genug
seinen Tanz zu deuten
seine langsamen Kreise
aus stillem Feuer zu lesen

und wenn der Tauchervogel
vom Süden her ruft
wo der breite Strom
sich im Nebeldunst zwischen Inseln verliert

dann erkennst du, daß das Spiegelbild
von Berg und Bäumen
wie Kopf und Hals eines Tauchervogels ist
den Schnabel geöffnet, um den Himmel
mit seinem wilden Lied zu erfüllen –

und du weißt, was du tief in dir spürst
ist eine Antwort
auf seinen Flügelschlag.

Joseph Bruchac

Der indianische Name von Joseph Bruchac, Gah-ne-goh-he-yoh, bedeutet „The Good Mind". Er erhielt ihn von einer Klanmutter, die meinte, daß sein Talent zum Schreiben ein Geschenk des Schöpfers sei. Der Name sollte ihn immer daran erinnern, daß es zwei Wege gibt – „the good mind and the bad mind". Das englische Wort „mind" kann vielerlei bedeuten: Gesinnung, Herz, Seele, Geist, Vernunft, Lebenseinstellung.

Dies ist ein Lied der sogenannten Geistertanzbewegung, die gegen Ende des 19. Jahrhunderts auf das Kommen einer neuen Erde hoffte, auf der die Indianer wie in alten Zeiten leben würden. Ein Symbol für diese neue Erde war der Wirbelwind.
Die Kiowa sind als nomadische Büffeljäger zum Kulturkreis der Plains-Indianer zu zählen.

DER WIND

Der Wind, der Wind
schüttelt mein Tipi,
schüttelt mein Tipi
und singt ein Lied für mich
und singt ein Lied für mich.

Lied der Kiowa

DIE BOTSCHAFT DES REGENS

als ich ein kind war
war ich ein eichhörnchen ein blauhäher ein fuchs
und redete mit ihnen in ihren sprachen
kletterte auf ihre bäume grub ihre höhlen
und kannte jeden grashalm
und jeden stein
wußte warum die sonne schien
verstand die botschaft der nacht

jetzt bin ich alt
arbeit und kampf liegen hinter mir
und ich schäme mich nicht
allein in den wald zu gehn
von neuem mit eichhörnchen fuchs und vogel zu reden
von der erde zu kosten
den wind zu verstehn
und die botschaft des regens zu hören

Norman H. Russell

Norman H. Russell, geboren 1921, ist Biologe und war Hochschullehrer; er durchreiste als Botaniker Hunderte von Wäldern und die Prärien Amerikas. Seine Lyrik spiegelt Liebe und Achtung für das indianische Erbe wider. Er sagt: „Der Indianer fand Schönheit und Freude überall und zu jedem Zeitpunkt."

NAHE DEN BERGEN
klingt der Felsboden
hohl
unter den Schritten.

Er sagt dir: Denk daran,
die Erde ist eine Trommel.

Wir müssen sorgsam auf unsre Schritte achten,
um im Rhythmus zu bleiben.

Joseph Bruchac

In diesen knappen Zeilen faßt Joseph Bruchac die indianische Einstellung zur Natur zusammen. Angesichts der drohenden Umweltzerstörung unserer Tage ist der „indianische Weg" (mit der Natur, nicht gegen sie) auch für uns von großer Bedeutung.

BILDLEGENDEN

Titelbild: Blackfoot-Indianer mit ihrem charakteristischen Stangenschlitten

Seite 7, 23, 41, 57, 73: Die Illustrationen auf den fünf Kapitelseiten dieses Buches sind Fotos von zeremoniellen Sandmalereien der Navajo. Zuerst wird der Boden mit einer glatten Schicht Sand bedeckt, dann werden die Figuren mit feinkörnigem Farbpulver aufgetragen; die Farben sind alle aus natürlichen Stoffen hergestellt (roter und brauner Sandstein, weißer Kalkstein, gelber Mais, Holzkohle usw.). Diese „sandpaintings" werden in Heilungszeremonien verwendet und müssen noch am selben Tag wieder ausgelöscht werden.

Seite 11: Heutige Indianer müssen ihre Tradition mit der modernen Zivilisation verbinden
Seite 13: Eine Büffelherde
Seite 16: Lame Deer – einer der geistigen Führer der Sioux
Seite 19: Joseph Ratunda, ein Junge der Nez Percé in der Kleidung der Prärie-Indianer (1914)
Seite 21: Black Belly – Cheyenne
Seite 29: Sitting Bull – Sioux
Seite 30: Eine Szene aus dem „Geistertanz"
Seite 33: Häuptling Joseph – Nez Percé
Seite 38: Biber-Gedenkpfahl der Haida (British Columbia)
Seite 45: Tatanga Mani – Häuptling der Stoney
Seite 48: Indianermädchen vom Oberen Yukon
Seite 51: Junge Mohave-Indianerin
Seite 55: Lager der Blackfoot
Seite 60: Frau aus dem Volk der Wüsten-Cahuilla
Seite 63: Klippensiedlung der Anasazi (Mesa Verde, Südwest-Colorado), im 13. Jh. n. Chr. von ihren Bewohnern verlassen
Seite 65: Umatilla-Mädchen
Seite 66: Indianerjunge im nördlichen Kanada
Seite 69: Atsina-Krieger
Seite 75: In den Nationalparks versucht man, die ursprünglichen Lebensbedingungen der Tiere zu erhalten
Seite 76: Die Papago schreiben der Eule magische Kräfte zu
Seite 84: Im Acoma-Pueblo
Seite 90: Lager der Sioux; vor einem Kriegszug
Seite 92: Ein Peyote-Trommler

QUELLENNACHWEIS

Bilder:

Titelbild, Seite 21, 33, 51, 55, 60, 65, 69, 84, 90, 92: Edward S. Curtis Gallery, Mill Valley, USA. – 7, 23, 41, 57, 73: Navajo Sandpainting Art, Treasure Chest Publications Inc., Tucson, Arizona, 1978. – 11: Karl-Heinz Raach, Ihringen. – 13, 75, 76: Seven Arrows. Hyemeyonsts Storm, Ballantines Books, Random House, New York 1972. – 16: Lame Deer, Seeker of Visions, A Touchstone Book, Simon & Schuster, New York 1972. – 19, 30: Indianer, hsg. v. J. C. Scherer / J. B. Walker, A. Müller Verlag, Rüschlikon-Zürich, 3. Aufl. 1975. – 29: Denver Public Library, Colorado. – 38: Totempfahl und Maskentanz. Die Indianer der pazifischen Nordwestküste, hsg. v. N. Bancroft-Hunt / W. Forman, Herder, Freiburg 1979. – 45: Glenbow Museum, Calgary. – 48, 66: Roland Görger, Freiburg i. Br. – 63: Käthe Recheis, Wien.

Texte:

8: Als die Erde, aus: Von den kleinsten Gräsern bis zu den größten Bäumen, übers. v. Rainer Schelb, Freiburg. – 8, 9, 64: Jede Ratsversammlung / Der Eingang eines Tipis / Die Wiegenlieder meines Volkes / Wenn ein Kind geboren wird, aus: Respect for Life. The Traditional Upbringing of American Indian Children, Myrin Institute Books, ed. by S. M. Morey / O. Gilliam, New York. – 10, 12, 17, 47: Im Denken des Indianers / Wir Sioux / Ich bin ein Medizinmann / Allen Lebewesen, aus: Lame Deer, Seeker of Visions. The Life of a Sioux Medicine Man, by John Fire Lame Deer and Richard Erdoes, Simon & Schuster, New York. – 14: Diese heilige Pfeife, aus: The Sacred Pipe. Black Elk's Account of the Seven Rites of the Oglala-Sioux, ed. by Joseph Epes Brown, University of Oklahoma Press, Norman. – 15, 25, 36: Für uns sind die Wälder / Das Land verkaufen / Eure Geschichtsbücher, aus: I Have Spoken. American History Through the Voices of the Indians, ed. by Virginia Armstrong, Swallow Press 1971 (mit Genehmigung der Swallow Press, Ohio University, Athens). – 18: Einführung eines Kindes in die Welt, aus: The Omaha Tribe, Vol. I, Alice C. Fletcher / Francis La Flesche, University of Nebraska Press, Bison Book edition. – 20: Gebet des Großvaters, aus: The Way We Lived. California Indian Reminiscences, ed. by Malcolm Margolin, © 1981 (mit freundlicher Genehmigung von Heyday Books, Berkeley). – 22, 30, 40, 58: Ich stand auf dem höchsten aller Berge / Viele andere Lakota / In Trauer / Die sechs Großväter, aus: Black Elk Speaks, by John G. Neihardt, © John G. Neihardt Trust, University of Nebraska Press. – 24: Brüder! Wir haben die Rede, aus: Niles' Weekly Register, Vol. XXX, No. 36, 1829. – 25: Ihr wollt, daß wir in eine Reservation gehen, aus: The American Indian, Vol. 4, No. 5, Febr. 1930. – 26, 38: Unser Land ist wertvoller / Wie lange habe ich dich gekannt, aus: Touch the Earth. A Self-Portrait of Indian Existence, © 1971 T. C. McLuhan (mit freundlicher Genehmigung von E. P. Dutton, Inc., New York). – 27: Welchen Vertrag, aus: Life of Sitting Bull. A History of the Indian War of 1890-91, ed. by W. F. Johnson, Edgewood Publishing Company 1891. – 28: Brüder, seht, es ist Frühling, aus: To Serve the Devil. Natives and Slaves, Paul Jacobs / Saul Landau / Eve Pell, Random House, New York. – 32: Ich bin des Kämpfens müde, aus: The Nez Percé Indians. Memoirs of the American Anthropological Association, ed. by Herbert J. Spinden, Vol. II, Part 3, 1908. – 34, 59, 67, 69, 70: In der Schule von Carlisle / Bei den Lakota / Nie wurde den Kindern / Männer wurden ihrer Verdienste wegen / Alte Menschen, aus: Land of the Spotted Eagle, University of Nebraska Press, © Shiyowin Miller, Temple City. – 35, 68: Eine ganze Woche lang / Wir glauben, daß die Liebe zum Besitz, aus: From the Deep Woods to Civilization bzw. The Soul of the Indian, by Ch. A. Eastman-Ohiyesa, Houghton Mufflin C., Boston, © Virginia Eastman Whitbecker & Eleanor Eastman Mensel. – 37: Der Boden, auf dem wir stehen, aus: Plenty Coups. Chief of the Crows, ed. by F. B. Linderman, University of Nebraska Press & The John Day Company. – 40: Krankheit kommt mit dir, aus: The Indians' Book, rec. and ed. by Natalie Curtis, 1968, © Paul Burlin, Dover Publications Inc., New York. – 42, 66, 79: Der Weg zu überleben / Was ich ihm sage / Die Heiterkeit der Steine, aus: Carriers of the Dream Wheel. Contemporary American Poetry, ed. by Duane Niatum, Harper & Row, New York. – 43: Wegweiser, aus: South Dakota Review, Vol. 7, No. 2, Summer 1969 (mit freundlicher Genehmigung des Hsg. J. P. Milton). – 44, 46: Ich kam mit einer bronzefarbenen Haut / Eure Leute glauben, aus: Tatanga Mani, Walking Buffalo of the Stoneys, by Grant MacEwan, Hurtig Publ. Ltd., Edmonton 1969. – 44: Wir Indianer, aus: Custer Died for Your Sins, Macmillan, New York 1969. – 47: Trotz seiner Klugheit, aus: Can the Red Man Help the White Man? A Denver Conference with the Indian Elders, ed. by Sylvester M. Morey, Myrin Institute Books, New York. – 48: Meine Geschichtsstunde, aus der Zeitung „Eagle Wing Press", Naugatuck, Dezember 1982. – 50: Der Friedhof meines Stammes, aus: Custer Lives in Humboldt County, Greenfield Review Press, Greenfield Center, N.Y. – 52: Schildkröteninsel, aus: The Way. An Anthology of American Indian Literature, ed. by Shirley Hill Witt / Stan Steiner, Random House Inc., New York. – 54: Wer ein wirklicher Indianer sein will: Schülerin der Akwesasne Freedom School, Mohawk Nation. – 56: Hier bin ich, in Zuni: Schülerin der Twin Buttes High School, Pueblo Zuni, New Mexico. – 58: Wie glücklich bin ich, aus: The Native American Today, published for the American Indian Historical Society by the Indian Historian Press, San Francisco. – 61, 77: Liebeslied / Traumlied, aus: Chippewa Music, ed. by Francis Densmore, Bureau of American Ethnology, Bull. 53, Washington 1913. – 61: Lied aus der Mädchenweihe, aus: The Winged Serpent. American Indian Prose and Poetry, ed. by Margot Astrov, Capricorn Books, New York. – 62, 87: Slim Man Canyon / Als wir den Schlangenberg bestiegen, aus: Come to Power, ed. by Dick Lourie, Crossing Press, Trumansburg, New York. – 65: Wiegenlied, aus: Song of the Sky, by Brian Swann, Four Zoas Press, Dan Carr Publisher, Ashuelot, NH. – 71, 74, 91: Großmutter / Das Freudenlied des Tsoai-Talee / Die Botschaft des Regens, aus: Songs from this Earth on Turtle's Back, ed. by Joseph Bruchac, Greenfield Review Press, Greenfield Center, N.Y. – 72: Die Regierungsform unserer Vorfahren, aus: The Elders Wrote, hsg. v. Bernd Peyer, Dietrich Reimer Verlag, Berlin. – 77, 85: Die Eule spricht / Eine kleine gelbe Grille, aus: Singing for Power. The Song Magic of the Papago Indians of Southern California, Ruth Murray Underhill, University of California Press. – 78, 86, 88, 93: Morgenlied / Birdfoots Großvater / Tauchervogel am Zedernfluß / Nahe den Bergen: © Joseph Bruchac, Greenfield Center, N.Y. – 80: Geburt eines Fohlens, aus: Calling Myself Home, Greenfield Review Press. – 81: Traumlied, aus: In the Trail of the Wind. American Indian Poems and Ritual Orations, ed. by John Bierhorst, Farrar, Strauss and Giroux, New York. – 81: Vor langer Zeit, aus: Round Valley Songs. A Volume of Poems, published by West End Press, Minneapolis, Minnesota, 1984. – 82: Wenn erquickendes Wasser, aus: The American Indian Reader. Literature, The Indian Historian Press, Inc., San Francisco. – 85, 90: Lied von der Elster / Der Wind, aus: American Indian Poetry, ed. by George W. Cronyn, Liveright, New York.